思想之声

〔俄〕叶·普里马科夫 著　|　李成滋 译

中央编译出版社
CCTP　Central Compilation & Translation Press

叶·普里马科夫

青年时期的普里马科夫

普里马科夫和家人在一起

普里马科夫与普京

普里马科夫与鲍里斯·叶利钦

普里马科夫与戈尔巴乔夫

普里马科夫在俄罗斯联邦工商会会议上发言

普里马科夫任俄罗斯联邦工商会主席时的照片

普里马科夫与美国前国务卿奥尔布赖特

普里马科夫与阿富汗总统卡尔扎伊

普里马科夫与巴勒斯坦民族权力机构主席阿拉法特

普里马科夫在向国外大学赠书

普里马科夫与北约前秘书长索拉纳

前　言

我的生活已经进入到这样一个阶段，就是越来越强烈地感到有一种紧迫感，一种需要就我们国家在二十世纪经历过的一些重要事件和在二十一世纪能够和谐融入世界现实生活的重要问题谈出自己看法的紧迫感。探讨下列一些问题并非轻而易举：诸如1917年的十月革命是否具有偶然性？历史发展的客观现实对众所周知的马克思列宁主义公理进行了怎样的修正？世界社会主义运动沿着哪些道路发展和演变？世界上两种社会政治制度的趋同在人类发展史上具有何种地位？苏联为什么会解体？独联体是否拥有未来？俄罗斯经济现代化过程不一定非要伴随着社会生活的民主化，可以这样认为吗？在我国民族性价值观能够战胜全人类共同拥有的价值观吗？对当今俄罗斯来说，来自内部和外部威胁与挑战的对比关系如何？俄罗斯北高加索地区复杂局面形成的原因是什么？该地区局势稳定的出路又在哪里？

本人并不奢望自己的观点能独树一帜，也不追求对一系列问题的探讨完美无缺、无须补充。不过，如果本书作出的评价和得出的结论能够帮助广大读者深入思考俄罗斯的过去、现在和将来，那么我将感到十分欣慰，因为我所阐述的思想发生了效用。

在此，我要感谢我的助理德米特里·维亚切斯拉沃维奇·希曼斯基和叶莲娜·维亚切斯拉沃夫娜·波波娃，因为他们给予了我非常宝贵的技术支持。我还要深深感谢所有为此手稿做出努力的同仁。他们的建议无疑令我受益匪浅。

中文版序言

亲爱的中国读者:

　　本书同我的其他作品一样被翻译成中文,我感到由衷的高兴。这无疑反映了一个客观事实:中国的广大读者对于探讨有关现代国际问题和追溯历史事件的俄罗斯出版物表现出极大兴趣。

　　我深信,今天的中国在探索如何通过改革把自己塑造成一个能左右世界命运的大国的道路方面,是最成功的典范之一。中国近几十年的长足发展意义重大。一个拥有古老历史和悠久文化的国家、一个世界上人口最多的国家如今已荣登世界第二大经济体宝座。这样的成就并非仅用数量指标就可以完整展现的。中国始终不渝地坚持发展现代化生产并积极推进工艺技术进步,这具有十分重要的意义。

　　我在这本新书中尝试着探讨了上个世纪和本世纪世界

发展过程中的一系列问题。如果阅读本书会使越来越多的
读者关注中国与俄罗斯的紧密合作，我将感到十分欣慰。

叶·普里马科夫

Предисловие к китайскому изданию книги «Мысли вслух»

Дорогие китайские читателя!

Я искренне рад тому, что эта книга, как и многие другие мои работы, переведена на китайский язык. Это безусловно отражение того, что в Китае с интересом воспринимают российские издания, посвященные и современным международным проблемам и ретроспективным взглядам на прошедшие исторические события.

Сегодняшний Китай, по моему глубокому убеждению, являет своим примером один из самых успешных путей преобразования в Великую Державу, от которой зависят судьбы мира. Последние десятилетия развития Китая весьма знаменательны. Государство, обладающее древнейшей историей и культурой, самая большая по населению страна сегодня поднялась на пьедестал второй в мире экономики. И этот успех обозначен не только количественными показателями. Большое значение имеет упор, который делается в Китае, на развитие современного производства, на технико-технологический прогресс.

В своей новой книге я попытался осмыслить ряд процессов прошлого и настоящего. Буду рад, если в результате знакомства с этой книгой, расширится круг людей, заинтересованных в тесном сотрудничестве Китая с Россией.

Е. Примаков

| 目　录 |

历史无法重写

在当今政治书籍中，越来越多的作者把 1917 年的十月事件称做"政变"。使用这一术语的不仅有右翼反对党政治家，而且还有政治学者。① 与此同时，判定该事件是"革命"还是"政变"对于认识俄罗斯历史发展道路意义重大。

在对待历史事件的态度上，人们头脑中总会烙上统治力量意识形态的痕迹，即使后来人们对事件的评价重新进行修正，但仍然会受到新的思想政治氛围的影响。对 1917 年十月事件的解释也不例外。该事件被贬低为上层政变，已经成为当前否定苏联 70 年进步历史的依据。更有甚者，居然试图证明：当时快速发展的俄国经济似乎就葬送在

---

① 对塞尔维亚学者、教授萨维·日维诺夫著作的一篇评论文章就是典型的例证。评论者援引作者的话说："历史学家们对二月革命的兴趣已经被十月革命的阴影所笼罩。"显然，我们可以对萨维·日维诺夫的这种观点表示同意，但是，这篇刊登在俄罗斯战略研究所《国家战略问题》杂志（2010 年 4 期 187 页）上的评论文章所使用的标题却是：《1917 年十月政变非法遮蔽了二月革命》（本人摘录。——作者注）

1917 年的十月事件身上，而不是葬送在第一次世界大战上。

现阶段，还有为数不多的一些人试图为苏联时期的生活进行全面辩护。他们准备无视那些对千百万人来说是犯罪的内部争权斗争和造成整个农民阶层陷入痛苦之中的错误政策。但是，这一切是上层政变的结果，还是俄国在一场不可避免的革命进程中裹挟着的某些异常因素所带来的后果？

革命不同于政变，其特点就在于，革命提出并解决的问题都是社会的根本性问题：比如改变所有制形式，摧毁旧的管理体制和权力机构等。没有革命的环境就不可能爆发革命。革命的环境包括：下层民众不愿在原有旧体制下继续生活下去，上层官员又无法用旧体制管理国家等。俄国 1917 年二月革命爆发前的形势和环境恰恰如此。军队在前线连连失利，沙俄官员贪污腐败风气盛行，以拉斯普京为代表的统治阶层的极端腐朽，没有推行民主改革的意愿和能力等等——这些统计尚不完全的因素便是当时尼古拉二世专制统治下俄国状况的真实写照。此外还需要补充一点，当时的统治集团竟然向因反对日益加重的剥削而上街抗议游行的工人开枪。

记得我曾经这样问过最令我尊敬的大牧首阿列克谢二世：尼古拉二世这样的人物能够列入圣徒吗？这位至圣者对该问题深表理解地说，尼古拉二世已经被俄国东正教会列为圣徒，这并非因为他生前的行为，而是因为他去世时是一个蒙难教徒。

但是，当 1917 年 2 月俄国临时政府掌握政权后，革命的环境是否依然存在？许多历史学家都否认这个无疑最重要的指标。他们只强调临时政府在当时如何如何获得了广泛支持。诚然，临时政府确实废除了可恶的沙皇专制制度，使俄国有史以来第一次成为一个共和国。1917 年 10 月之前俄国已经废除宪兵管理制度；警察局更名为民警局；所有政治犯获得释放；成立特别委员会负责侦查前政府官员的犯罪行为；宣布实行言论、集会、罢工自由；妇女享有政治权利；废除封建等级制度；解除宗教信仰限制和民族限制；在外高加索地区和土库曼斯坦取消总督职位，将其权力移交给地方干部组成的委员会；宣布芬兰自治和波兰独立。当然，这些政绩的罗列令人印象深刻。此外，人们对临时政府的好感日渐升温还有一个原因，就是起先参加联合政府的有立宪民主党人（立宪民主党），5 月 5 日以后又有社会革命党人（社会革命党）和俄国社会民主工人党的孟什维克（俄国社会民主工人党）。这些党派都或多或少地拥有相当规模的分支机构作为其组织基础。例如，1917 年秋季在左派从社会革命党内部分裂出来之前，该党就已经拥有 50 多万党员，在当时 78 个省中的 63 个省，以及前线陆军和海军部队中都有其基层组织。①

但是，没过几个月工夫，人们拥护临时政府的热情明显消退。广大人民群众对临时政府的好感骤然减弱，其中

---

① 弗·格·伊格纳托夫（В. Г. Игнатов），《俄罗斯国家管理史》莫斯科，凤凰星座出版社，2002 年，第 608 页。

最重要的原因是，临时政府不愿意结束战争。与此同时，新的国家管理者没有能力解决土地问题，这对于超过俄国五分之四人口的农民来说是一个与结束战争具有同等重要意义的问题。这一点对形势迅速恶化也起到了推波助澜的作用。

临时政府前后共出现过四次危机，这便是俄国革命日益高涨的标志。在一些出版物中，人们将这些危机的原因归纳为以下几种：内讧；部长们平庸无能；令人唾弃的克伦斯基式的飞扬跋扈的领袖至上作风，他总是表现出自己具有先见之明，仿佛是个救世主，是圣哲神谕的代言人。然而，有些人居然将那些撼动临时政府根基、那些促使革命热情高涨的原因撇到一旁，视而不见。事实上，二月革命以后，那些无法在沙皇专制制度下继续生存下去的底层民众，内心依然保留着，甚至可以说，不断增强着对现实制度无法容忍的情绪。至于二月革命后所成立的政权，它根本就无法阻止革命氛围的蓬勃发展。

临时政府的第一次国家管理危机发生在4月。被一份外交照会激怒的彼得格勒士兵和工人纷纷走上街头举行抗议游行。这份照会是由当时的外交部长帕·尼·米留可夫向英国和法国发出的，其内容是，临时政府继续履行俄国在沙皇时期向他们承诺的参战义务。游行示威是群众自发组织起来的。为此，外交部长帕·尼·米留可夫和陆海军部长亚·伊·古契柯夫不得不被迫辞职。四月危机最终导致以格·叶·李沃夫公爵为首的仅仅存活了两个月的第一届临时政府集体辞职。

5月5日新一届临时联合政府成立，仍然以格·叶·李沃夫为首，不过这届政府更加短命。参加临时联合政府的有社会革命党人和孟什维克。很快就在6月份发生了第二次政治危机，但这届政府居然苟延残喘地勉强挺了过来。这次危机源于彼得格勒市29家工厂工人的罢工。他们反对临时政府采取的一系列反民主措施，如没收工人俱乐部和工会办公场所等。10天以后，彼得格勒市又爆发了50万人大游行。人们高喊口号："要面包！要和平！要自由！""打倒十个资本家部长！""一切权利归苏维埃！"（当时没有反对社会革命党和孟什维克的口号）。在这些口号的感召下，莫斯科、明斯克、哈尔科夫、特维尔、下诺夫格罗德等城市相继爆发了大规模群众游行。6月危机充分表现出人民群众不断聚集起来的革命潜能，这种潜能超出了彼得格勒一个城市的范围，已经传播到全国其他地区。

人们通常把第三次政治危机与立宪民主党于7月2日退出临时政府联系起来。当时立宪民主党宣布退出临时政府，是为了抗议政府实行的一项鲜为人知的政策：以外交部长米·伊·捷列先科和邮电部长伊·格·策列铁里为首的临时政府代表团承认了乌克兰中央拉达组织①所领导的自治区，其中包括俄国西南部的广大地区。其实，导致第三次政治危机的真正原因是，7月3日和4日彼得格勒市的群

① 1917—1918年乌克兰的反革命组织。——译者注

众举行了大规模游行。当时该市的士兵和工人纷纷走上街头反对政府，起因之一便是俄国军队在前线刚刚开始的进攻遭受失败。接着第二天举行了 50 万人大游行。当天在涅瓦大街和花园广场，从前线抽调回来的军队竟然向手无寸铁的群众开枪射击。7 月 5 日彼得格勒市实行全市戒严，总理格·叶·李沃夫被迫辞职。

于是，亚·费·克伦斯基便首次成为了临时政府首脑。他组建了第三届临时政府（15 个部长中几乎一半是由社会革命党人和孟什维克担任）。这届临时政府的军事独裁趋势日益显现。临时政府推行独裁专制制度的目的，就是要镇压工兵代表苏维埃。当时这些苏维埃，还有农民苏维埃已经遍布全国。苏维埃和村社①越来越多地实行了自治并将权力掌控在农民自己手中。布尔什维克对这些机构的影响力也日见增强。

在这里我们举一个典型例证。彼得格勒市曾经盛传这样一条消息：格·叶·李沃夫在一个非正式场合解释自己为何辞职和亚·费·克伦斯基担任总理的原因时说：“我是被迫辞职，因为要挽救危局，就需要解散苏维埃并向人民开枪。这一点我做不到，而亚·费·克伦斯基能够做到。”②

7 月 18 日拉·格·科尔尼洛夫将军被任命为俄国军队最高指挥官。这一任命使亚·费·克伦斯基在俄国建立自

---

① 1816 年以后俄国农村基层行政组织。——译者注

② 阿·帕·希克曼（Шикман А. П.），《俄罗斯历史名人录——传记词典》，莫斯科，瓦格里乌斯出版社，2003 年，第 45 页。

己的独裁制度成为可能。然而，拉·格·科尔尼洛夫将军心里却打着自己的小算盘，他也想成为独裁者。8 月 25 日拉·格·科尔尼洛夫在与亚·费·克伦斯基进行多轮谈判后决定，把军队开往彼得格勒，同时要求临时政府集体辞职。由于担心拉·格·科尔尼洛夫将军获得成功，自己可能失败，从而地位不保，亚·费·克伦斯基便宣布这位将军的行动是军事叛乱。于是立宪民主党的部长们便纷纷提交辞呈以示对亚·费·克伦斯基的抗议并与拉·格·科尔尼洛夫将军站在了一起。

然而，军队在向彼得格勒市行进途中遭受了挫折。哥萨克军团刚刚到达布尔克高地，其指挥官亚·米·克雷莫夫就被人击毙。于是第四次政府危机爆发了。这次危机一直持续到 9 月 25 日，以组建新的联合政府而告终。社会革命党人和孟什维克依然坚持参加这届联合政府，他们认为与资产阶级联盟有利于推进改良。

科尔尼洛夫之流的失败可能会成为革命进程中的新起点和转折点。弗·伊·列宁代表布尔什维克党向社会革命党人和孟什维克提出建议，要他们保持民主革命力量的团结统一，特别是在军队向彼得格勒市进攻的形势下，更要把政权牢牢掌握在自己手中。但是社会革命党人和孟什维克却对列宁的建议不予理睬，甚至还担心，如果响应他的号召，会使布尔什维克党的影响不断扩大。

著名史学家帕·瓦·沃洛布耶夫曾经就当时选择改良道路究竟有多大可能性这个问题与西方历史学家进行过辩

论。他对当时形势作出了这样的公正评价："从 1917 年俄
国实际情况看，选择改良道路的可能性并不大（这要比选
择公开反革命的道路几率要小得多）。"他还写到："没有
人会对 10 月资产阶级未果的选择感到伤感和怀念。然而，
事实却是这样一种结果：力量的天平倾向了革命人民一边，
于是人民选择了有利于自己的道路——社会主义。"①

　　二月革命以后，俄国的革命氛围依然得以保留。我觉
得这一点对于客观的历史学家来说应该是一个事实。布尔
什维克是否利用了这一形势？毫无疑问是利用了。在它的
领导下十月革命取得了胜利，这标志着资产阶级政权的终
结，标志着银行、工厂和其他基础设施由私有制过渡到国
家所有制。急进的转变席卷了原沙俄帝国全境。在革命的
旗帜下，几十万人奔赴战场并最终赢得了国内战争。这一
切难道是上层政变吗？绝对不是。

　　这里加一个小插叙。苏联时期曾经也对革命与政变作
过不完全恰当的区分。这一次不是"革命"一词被贬低为
"政变"，而恰恰相反，是"政变"被提升为"革命"范
畴。1979 年苏联军队进入阿富汗，理由是：必须帮助受到
外部威胁的阿富汗革命。在苏联军队开赴阿富汗之后，有
一次我作为苏联科学院东方研究所所长应邀参加了苏联外
交部部务委员会会议。当时的外交部长是安·安·葛罗米

---

　　① 帕·瓦·沃洛布耶夫（Волобуев П. В.）主编，《1917 年 10
月：本世纪最伟大事件还是社会灾难？》，莫斯科，政治文献出版社，
1991 年，第 24 页。

柯。在讨论阿富汗局势问题时，我的观点受到许多外交官的批评，但安·安·葛罗米柯保护了我。我的观点是：在阿富汗过去和现在都没有出现过革命氛围。能够证明这一观点的指标就是：阿富汗的农民对政府宣布的农业改革不理解，大多数群众拒绝接受分配给他们的土地，他们的回答是"土地应该归真主所有"。这样一来，该国的封建土地所有制便得以保留下来。所以，阿富汗政权性质的改变完全是通过政变而不是革命实现的。后来发生的事实证明了我的观点。

一些不能客观看待十月革命的反对者认为，十月革命是由从德国乘坐铁路棚车回国的一小撮人发动起来的。鉴于十月革命取得了胜利，这种"耸人听闻"的狡辩实际上是对俄罗斯人民的一种侮辱。据说，有人长期且卓有成效地把一个来自外国策划的、旨在把俄国从反德军事联盟中分裂出来的制度强加在了俄国人民头上。二月革命迫使列宁及其周围的一小撮人移居国外，于是他们为了返回俄国不惜利用一切机会。也许在德国有人指望布尔什维克领导的革命会促进俄国的反战运动。但是，难道它能够掩盖这样一个无可争辩的事实吗：在彼得格勒的芬兰火车站迎接这些归国人员的是成千上万兴高采烈的群众。在此，我想引用1918年列宁在莫斯科工会和工厂委员会第四次会议上的一段非常具有现实意义的讲话："当然，有人认为，革命可以按订单和协议在别人的国家里发生。这些人不是疯子就是挑拨者。只有当千千万万的人得出结论认为不能再照旧生活下去的时候，革命才会爆发。"①

应当承认，1917 年 10 月我国发生了一场真正的革命，而且带有不流血便夺取了政权（莫斯科除外）的特点。承认这一点并非是要将人们的视线从接下来发生的流血的国内战争转移开来。我只是想强调说，十月革命载入俄国史册绝非偶然。

当然，不应否认在俄国生活中发生的革命变革还伴随有一些消极因素。国内战争便是俄国整个社会长期并且永远无法抚平的创伤。好在我们已经远离了苏联时期作出的那些过时结论，如所有白军成员都是坏人，是祖国和人民的敌人，丧失了爱国主义情感等。然而，恢复正义并不意味着就应当走向反面，去吹捧所有白军将领，而且还是在抹杀红军指挥员功绩和强调"红色恐怖"的喧嚣情况下，闭口不谈敌对双方都做出过血腥暴行。这绝对不会有助于客观评价与十月革命相关的悲剧事件。

还有一点毋庸置疑，这就是俄国知识界的大部分人极端消极地看待十月革命。杰出的思想家尼·亚·别尔嘉耶夫 1918 年在他的《俄国革命的灵魂》② 开篇词中引用了普希金的诗句：

---

① 《列宁全集》中文第 2 版，人民出版社，1984 年，第 34 卷，第 424 页。

② 《深度分析：关于俄国革命的论文集》，莫斯科，莫斯科大学出版社，1990 年，第 55 页。

我们迷路了，该怎么办？

一定是在野地里碰上鬼打墙了。

俄国知识界的大部分人都持有这种观点。他们不接受革命并认为自己在很大程度上成为了一系列流血事件的人质。

许多人认为，革命是由俄国灵魂中某些民族特点所引起的一种造反行为。尼·亚·别尔嘉耶夫在上文中这样写道："从表象看，俄国似乎发生了史无前例的激进政变，但是只要深入透彻地分析，便可揭示俄罗斯所具有的旧俄国的革命形态，以及早已在众多伟大作家笔下描写过的俄罗斯精神和掌控俄罗斯人心灵的魔鬼的革命形态。"本人不能苟同把俄国革命与俄罗斯人的民族特点联系起来的观点，然而，我倒是觉得，应当承认，在十月革命和国内战争等一系列事件上确实留有俄罗斯民族固有的某些性格特点的烙印。当然，这些民族特点并非主流，所以在苏联时期被人们所忽视。当时人们特别关注的是革命的社会内容，而非俄罗斯民族的性格特点。其实，人们也曾经注意到俄罗斯民族的性格特点，只不过仅把它与俄国的革命氛围联系起来罢了。

约·维·斯大林曾经强调社会主义革命与资产阶级革命是截然不同的革命。他认为，前者是以夺取政权开始，而后者则是以夺取政权告终。如果遵循这样一种逻辑，那么就应当承认，十月发生的革命很快就被斯大林领导的实践活动曲解了。在把苏联建成一个能赢得反法西斯战争胜利的强大的工业国和第二次世界大战后世界上两个超级大国之一的过程中，曾经也伴随着一系列悲剧事件。今天很多人都在议论这些事件，并且认为大清洗就是犯罪。这种认识是公正的。因为千百万人成为了这些镇压事件的牺牲品。这个历史不能一笔勾销，更不能视其为正确。

我想强调一点，苏联在列宁逝世后很快放弃新经济政策给俄国造成巨大的历史性伤害。

1921 年春，苏俄宣布实行新经济政策，国家就此进入到发展的改良阶段。列宁曾经这样写道："同过去的革命方式相比较，新经济政策是一种改良方式（革命是这样一种变革，它从根本上摧毁旧的制度，而不是小心翼翼地、慢慢地、渐进地去改造它，并力求把破坏限制在最小范围。）"① 根据列宁的表述，要想过渡到改良阶段，就需要"较长的时间和认真的态度"。基于这一点我们可以理解为，必须强调把市场经济同社会主义结合起来。显然，在俄罗斯这种过渡没有成为理想中的实际措施，只是草拟了一个社会改造的战略路线。这个路线就是从革命到改革。然而该路线最终也未能实现，从而导致了社会主义最终在苏联崩溃。

遗憾的是，弗·伊·列宁一直身患重病并于 1924 年逝世。这使得他未能全面地、高度可靠地探究自己观点的演

---

① 《列宁全集》中文第 2 版，人民出版社，1984 年，第 42 卷，第 245 页。

变和发展，从无条件承认无产阶级专政带有暴力性，并认为十月革命以后这种专政是俄国唯一可能存在的政权方式，① 演变到得出下述结论："我们提出完全不同的、改良主义的办法来替代原先的行动的办法、方案、方法、制度（革命的方式，根据列宁的理解。——作者注）。所谓改良主义的办法，就是不摧毁旧的社会经济结构——商业、小经济、小企业、资本主义……"列宁曾发出号召，全面活跃这些经济成分，只是将其活跃度纳入到国家调控范围。② 列宁观点的这种演变并不能证明他否定无产阶级专政。列宁从来就没有否定过无产阶级专政。实质上他强调的是无产阶级政权暴力功能的钝化和弱化，让资本主义与社会主义在俄国同时存在。

当然，弗·伊·列宁是一位革命实践家。他已经异常敏锐地察觉到，是余粮征集制③促使农民骤然奋起反对十月革命的。当时发生的喀琅施塔得叛乱和一系列农民起义就是明证。他甚至还不得不面对这样一个现实：对欧洲各国迅速爆发革命的指望，只能成为一种幻想。因此，俄国处在资本主义的严密包围之中。

---

① "专政的科学概念无非是指不受任何限制的、绝对不受任何法律或规章约束而直接依靠暴力的政权。"《列宁全集》中文第2版，人民出版社，1984年，第12卷，第289页。

② 《列宁全集》中文第2版，人民出版社，1984年，第42卷，第245页。

③ 1917—1920年苏俄实行的战时共产主义政策之一。——译者注

但是，经济政策向改良方向的转变看来不是一种权宜之计。因此，这种转变不可能不具有理论意义。布尔什维克党的领导人之一尼·伊·布哈林就特别重视对这种转变进行理论探讨。他努力克服自己在战时共产主义时期的左倾思想，并在列宁逝世后成为新经济政策的积极捍卫者。1925 年 4 月 17 日，他在俄共（布）莫斯科积极分子大会上作报告时指出："新经济政策的意义就在于，一系列经济因素由于其过去被战时共产主义这把钥匙锁住了，所以相互不能良性互动，现在它们能够良性互动了，从而会促进经济增长。列宁曾经在他的一本小册子《论粮食税》中把新经济政策叫做正确的经济政策（与战时共产主义相对立，列宁在这本小册子里将战时共产主义称做'可悲的无奈之举'，是它把一场战线广泛的国内战争强加在了我们头上）。"①

尼·伊·布哈林坚决反对把新经济政策当作短期政策的观点。他写道：国家"将用几十年时间慢慢进入社会主义"②。此外，他还认为，放弃新经济政策无助于无产阶级与农民的联盟，而且还会引起危险后果，使苏联经济管理过分集中，把庞大的行政阶层变成"非私有制"条件下新的剥削阶级。

约·维·斯大林对待新经济政策的态度完全是另外一

---

① 尼·伊·布哈林，《关于新经济政策与我们的任务》，莫斯科，政治文献出版社，1988 年，第 125 页。
② 《真理报》，1923 年 6 月 30 日。

样。他并没有公开批评新经济政策，只是认为该政策只适用于一个短暂的阶段，"也就是苏维埃政权在尽力发展社会主义过程中允许资本主义适度活跃一下……我们的任务就是在与资本主义竞赛过程中巩固社会主义阵地、**消灭资本主义成分**（重点号是我加的。——作者注）、取得社会主义制度的胜利，并将该制度作为国民经济的主要制度。"①

这段话被写进了 1936 年苏联新宪法报告，就是说，当时就已经否定了利用市场关系活跃国家经济的可能性。

1938 年 3 月 15 日尼·伊·布哈林被枪决。

我想以作家、《文学报》主编尤·米·波利亚科夫的话来结束这一章节。他说："我们总是试图站在阿布拉莫维奇的豪华游艇上瞭望'阿芙乐尔'巡洋舰。"②③我认为，这句话正好适用于那些把具有重大历史意义的十月革命贬低为一小撮布尔什维克发动的政变的人。

另外，我们还想起了中国人的一句名言："矫枉必须过正。"过正已经实现，或许这已经足够了？

---

① 约·维·斯大林，《关于苏联宪法草案的报告》，莫斯科，国家政治出版社，1951 年，第 15—16 页。

② 尤里·波利亚科夫（Юрий Поляков）在《莫斯科共青团员报》上的访谈录，2010 年 12 月 6 日。

③ 罗·阿·阿布拉莫维奇曾任俄罗斯联邦楚科奇自治区主席，当今俄罗斯亿万富翁，拥有 5 艘世界上最豪华最昂贵的游艇，号称"阿布拉莫维奇舰队"，还拥有波音 767、空客 340 和若干直升机。——译者注

马克思列宁主义：与现实生活的碰撞

很显然，苏联时期的许多历史事件都是因为完全偏离马克思列宁主义辩证法所致。不过，应当指出，马克思列宁主义的一些公理本身也没能经受住与现实生活的碰撞。

苏联解体和苏联共产党解散成为了国内外批评马克思列宁主义声浪高涨的导火索。批评者中有一些人过去曾经是积极活跃的共产党员。不过，同样是批评，但批评与批评截然不同。目前，批评之声来源广泛，有来自对马克思主义科学一窍不通的庸俗者，也有来自不把马克思主义当作一成不变、与生俱来和超时空发挥作用的真理但同时又视其为科学的人。一些人凭着冲动就否定马克思主义，断然拒绝它。另一些人则依然是马克思主义者，坚信它的科学价值，特别是把它当作认识世界和分析各种社会、经济和政治问题的方法。

我属于后一种人。我这一生很幸运，在莫斯科大学经济系攻读硕士研究生时，就有幸在许多专家指导下接受了马克思主义教育，阅读了原著。毕业后在苏联科学院世界经济与国际关系研究所继续学习马克思列宁主义。该所是当时评价全球资本主义和社会主义发展最客观现实的科研中心之一。恰恰就是这种对研究事物过程和现象的现实主义态度，使我们得出了不能把马克思主义当作教条的结论。杰出的哲学家特·伊·奥伊泽尔曼把这一点叫做"自我批评，它产生于马克思主义本身"。①

马克思主义作为一种科学已经深刻影响了人类社会的发展。卡尔·马克思和弗里德里希·恩格斯的巨大功绩在于，对社会生活和历史发展的基本现象和过程做出了经济学解释。在马克思主义的直接影响下，世界出现了有组织的工人运动。同样，群众性的革命运动又成为迫使资本主义演变的因素之一。但是，承认这一点并不意味着要把马克思主义当作宗教信仰看待，也不意味着依然站在马克思主义立场上坚持已经被事实驳倒了的观点。其实，类似的情况以前也曾经发生过。例如，依据马克思关于资本主义行将灭亡这个"毫不动摇"的公理而得出的结论：资本主义的发展道路会越来越窄。阿列克谢·马特维耶维奇·鲁缅采夫教授是一位坚定的马克思主义者，是位非常正派的人。他曾经提出这样一种观点：全球社会主义市场的出现（在殖民主义制度崩溃以后）更加挤压了全球资本主义的发展空间。

---

① 特·伊·奥伊泽尔曼（Ойзерман Т. И.），《问题探讨：社会政治与哲学概论》，莫斯科，前途出版社，2006 年，第 8 页。

后来，阿·马·鲁缅采夫否定了自己的观点。他向我说明了其中的缘由。事实上，早在 1951 年苏联社会主义问题大讨论期间，约·维·斯大林就曾经在克里姆林宫办公室头戴耳机收听了大会的发言。他对阿·马·鲁缅采夫在发言中所表达的思想十分欣赏，随后便将这位哈尔科夫经济研究所所长任命为联共（布）中央委员会的部长。起初，阿·马·鲁缅采夫还谢绝担任科学部副部长一职。尽管该项任命的建议人格·马·马林科夫已经将阿·马·鲁缅采夫的谢绝信转交给了斯大林，但这并没有阻挡住领袖的热情。在信中阿·马·鲁缅采夫对自己作为一个省一级学者能否胜任这么高级的职务表示了怀疑。斯大林对他这种谦虚态度的回应是："既然他不想当副部长，那么就把科学部一分为二，让他担任其中之一的部长。"1952 年 7 月真的这样做了。

我还想起另外一个有趣的插曲。苏军进入阿富汗以后，苏共中央决定派遣由中央机关顾问、学者和记者组成的若干小组去西欧各国与当地的共产党对话，其中一个小组去了意大利。意大利共产党早已被贴上了"欧洲共产主义"的标签，其实这种称号在当时是个贬义词，等同于"修正主义"。我们这个小组由亚·叶·鲍文和我两个人组成。①

---

① 亚·叶·鲍文（Бовин А. Е.）是时事评论家、政治理论家、外交家、苏共中央社会主义国家顾问组组长、尤·弗·安德罗波夫和列·伊·勃列日涅夫的顾问。在意大利采访时任《消息报》政治评论员。苏联解体之前一周被任命为苏联驻以色列大使。

在佛罗伦萨市一个有 500 座位的礼堂里，我们与意大利共产党的积极分子见了面，当时礼堂里座无虚席。在讨论苏军进入阿富汗的原因时，我们谈论的都是些比较令人信服的理由：两国共同边境线较长；国家出现权力真空；这在冷战时期有可能被美国利用等等。后来听众的一个个问题接踵而至。有人向亚·叶·鲍文提出这样的问题：一百多年前马克思和恩格斯提出的理论是否在当今依然还有意义？要知道，在这百年时间里世界已经发生了如此巨大的变化。亚·叶·鲍文立即作出反应，他站起身机敏而又精彩地说道："一百年前马克思和恩格斯就发出号召：全世界无产者，联合起来！"他走了一着制胜之棋，随后迎来了一片喝彩声。然而，对于诸如马克思主义得出的结论是否不可动摇、它是否在任何国家和任何时期都具有普遍性这些问题，当时持怀疑态度的不仅仅是意大利共产党人。

我们对这个问题进行公开讨论并发表文章是在戈尔巴乔夫改革时期。例如，1989 年《旗帜》杂志发表了我的一篇文章，题目是《改革：来自国内和国外的观点》。文章谈的是，我国已经开始的社会改革（遗憾的是"社会改革"一词没能被广泛使用）"正在破除这样一个教条：在资本主义社会里生产关系是生产力发展的桎梏。其实，这种生产关系在资本主义框架内也是不断变化的，以求其适应当今的科学技术革命……与现实冲突的还有一个教条，就是资本主义发展必然伴随着劳动人民的贫困化"。①

事实上，历史的发展对马克思列宁主义的某些观点作出了修正。其中一个重要观点是：世界革命不可避免。众所周知，马克思主义创立者得出这样的结论是基于下面的判断：在资本主义社会中工人阶级会绝对贫困化。这种贫困化不仅是相对的，而且还是绝对的和不断加剧的。如果情况果真如此，那么发达资本主义国家就会不可避免地爆发无产阶级革命。德国社会民主党党首爱德华·伯恩施坦曾被认为是马克思主义最凶恶的敌人，因为早在十九世纪末他就否定工人阶级长期贫困这个规律。这是对马克思主义的离经叛道。这顶"伯恩施坦主义"典型特征的帽子曾经也扣在了弗·伊·列宁和格·瓦·普列汉诺夫头上。以卡尔·考茨基为首的第二国际就对他们作出过类似评价。

今天已经无需搬出统计数据来证明发达资本主义国家——如美国、加拿大和西欧各国的居民生活水平已相当高这个事实。然而，即使在这种情况下工人也并没有消失，只是劳动力的性质发生了变化。"蓝领"人数在减少，工人教育程度在提高，工资在增加，医疗保健、教育和社会保障在进步。当然这是一种普遍趋势。有时一些发达国家也会出现经济衰退，资本主义国家的社会发展水平也不平衡。但是不管怎样还是应当承认，社会主义国家同期的生活水平峰值还大大低于经济发达的资本主义国家。

---

① 《旗帜》杂志，1989 年第 6 期，第 185 页。

我们曾经为了反击人们对马克思主义关于工人阶级绝对贫困化论断的批评，试图找到走出窘境的出路，其中包括想出一种可以证明该论断正确的"解释"：在全球科学技术进步的背景下，资本主义社会中劳动人民需求的增长要快于满足这些需求的物质基础的提高。然而，这种解释对于工人阶级在资本主义制度下绝对贫困论断的"捍卫"于事无补，因为事实上它只能证明相对贫困，而不能证明绝对贫困。

把否定马克思这个论断的帽子仅仅扣在爱德华·伯恩施坦及其追随者身上是不对的。其实，爱德华·伯恩施坦是恩格斯的朋友和遗嘱执行人。不管怎么说，乍看起来这都是令人无法置信的。尽管列宁不止一次地在其著作中表示支持关于工人阶级不断贫困化的观点，但事实上，他已经不再坚持这个所谓的资本主义发展规律了（排除其他所有因素，他在瑞士逗留期间亲眼目睹并得出的结论绝不是工人在一天天走向贫困）。在这方面最典型的例证是：列宁将自己原来坚持的观点——在发达的资本主义国家里社会主义革命不可避免，改变成新的观点——社会主义革命可以"在帝国主义链条最薄弱的环节"取得胜利，可以在俄国这样的农民国家里取得胜利，而且还是在没有国外无产阶级帮助和支持下取得胜利，因为世界革命并没有发生。

正如前面所述，战时共产主义政策的失败使得列宁的思想转变到了将革命与改良相结合的方向上来。这种思想的演变就连列宁本人都没能及时阐述。事实上这等于否定了资本主义制度下工人阶级绝对贫困化的思想。

客观现实并非在所有方面都能促使列宁修正自己最初对马克思主义公理的认识。马克思主义有一个对他来说是毫不动摇的原则：为了建设社会主义，国家政权必须实行无产阶级专政。列宁在自己的著作中使用大量篇幅论述无产阶级专政，强调该专政的强制性使命：不仅要消灭剥削阶级，而且还要防止资产阶级政权复辟。列宁曾经写道：无产阶级专政是必要的，"为的是最终建设并巩固社会主义"①。这一任务决定了无产阶级专政国家存在的长期性。

列宁逝世后，社会主义在苏联的胜利被定义为两个概念：完全、彻底。苏联苏维埃第八次特别代表大会通过了1936年苏联宪法并确立了社会主义在苏联的完全胜利。理由是，在国民经济所有领域社会主义制度都取得了胜利，剥削阶级已经被消灭。②

1936年苏联宪法曾被冠以"胜利的社会主义宪法"称号。然而，停止无产阶级专政却没有提到议事日程上来，因为按照列宁的思想，只有在资本主义使用暴力复辟的危险不复存在的条件下才可以终止无产阶级专政。当时，这种危险依然显而易见。不仅如此，斯大林还得出结论：不

---

① 《列宁全集》中文第2版，人民出版社，1984年，第38卷，第377页。

② 根据官方统计，当时社会主义经济成分在工业生产总值中比重占99.8%，在农业总产值中（包括集体农庄庄员个人副业）比重占98.5%，而在零售业中比重占100%。

但有必要继续保留无产阶级专政，而且甚至还要永久保留下去。原因是，社会主义仅仅在一个国家取得了胜利，还处在资本主义包围之中。他还确信，苏联的阶级斗争会随着社会主义生产关系的不断发展而加剧，这使得无产阶级专政更加必要。这个结论使苏联人民付出了沉重代价。随着"胜利的社会主义宪法"的通过，一场史无前例的大清洗发生了。在这场大清洗过程中，牺牲的人若不是数百万，起码也有几十万。

只是到了苏共第二十次代表大会之后，党的新纲领才提出从无产阶级专政国家过渡到全民社会主义国家。但是，当时并没有对无产阶级专政理论，对这个在全球资本主义尚未垮台情况下选择社会主义道路的那些国家普遍实行的强制性制度进行批评性分析。缺乏这种分析，就很难与那些资本主义国家的共产党代表辩论。当时这些国家的共产党都竭尽全力争取社会对自己的支持，所以不接受只有使用暴力才能建设社会主义的理论。

值得强调的是，后来恩格斯也改变了关于在任何时候和任何情况下都必须使用暴力来建设新社会的最初观点。按照他的表述，"可以设想，在人民代议机关把一切权力集中在自己手里，只要取得大多数人民的支持就能够按照宪法随意办事的国家里，旧社会可能和平地进入新社会，比如在法国和美国那样的民主共和国，在英国那样的君主国。""现代社会有可能和平长入社会主义"。① 对于发达资本主义国家可能实现和平"长入"社会主义的思想，"晚年的"马克思也没有推翻。可以断言，马克思主义奠基人在这个最重要问题上的观点也发生了变化，即渐进的社会主义改造在发达的资本主义国家是可能的。不过，他们自然认为，这种改造要通过阶级斗争来实现。

与此同时，马克思、恩格斯和列宁在下面这个问题上丝毫没有改变自己的观点：资本主义制度已成为生产力进步的桎梏，因此走到了尽头。弗里德里希·恩格斯在《反杜林论》中这样写道："……这种生产方式的日益迫近的崩溃可说是可以用手触摸到了。"② 然而，现实生活却修正了这个论断。资本主义崩溃并没有出现。因为同马克思和恩格斯所观察的那个时期相比，今天的资本主义已经发生了变化。

资本主义作为一种生产方式，即使在其进入到帝国主义阶段也没有崩溃。列宁研究了资本主义向垄断阶段过渡后断言，这是资本主义发展的最高阶段，接下来就应该直接爆发社会主义革命。根据列宁基于大量资料后作出的结论，在经济生活中起决定作用的垄断，已经在帝国主义阶段占据了统治地位；工业资本与银行资本融为一体，因此

---

① 《马克思恩格斯全集》中文第 2 版，人民出版社，2008 年，第 22 卷 273 页。

② 《马克思恩格斯全集》中文第 2 版，人民出版社，2008 年，第 20 卷，第 291 页。

出现了新的范畴——金融资本；资本输出不同于商品输出，它具有特殊意义；跨国垄断联盟导致世界经济分化；资本主义大国把世界瓜分成若干势力范围。

列宁在《帝国主义是资本主义的最高阶段》一文中作出的结论被冠以"列宁的帝国主义论"是完全正确的。他所揭示的垄断资本主义的特点在二十世纪上半叶得到了发展。然而，这些特点并没有使资本主义走向原先预见的逻辑终点。资本主义一直保留着自己演变的潜力，所以对资本主义垄断阶段作出的正确结论与这是资本主义垂死阶段的结论不相吻合。

毫无疑问，列宁已经考虑到，向帝国主义阶段过渡的资本主义垄断不可能涵盖一切，总会有非垄断企业存活下来。但是，根据列宁的观点，操控市场的垄断依然是主要特征，毫无疑问，它与自由竞争是对立的，其结果便是阻碍科学技术进步、经济萧条和社会腐朽。

这些现象发生在列宁时代。当今人们还在研究这些现象，不过只是把它们作为一种趋势来研究。现代资本主义往往通过国家采取措施，防止大型公司及其联合企业、托拉斯、卡特尔、康采恩等各种形式的组织垄断商品市场和服务市场。国家通过反托拉斯法和行政措施来防止垄断。然而，资本以这种或那种方式的集中从来就没有停止过。不过，这个过程始终受到国家反对非法利用资本措施的压制，因为资本过分集中可能会导致资本的滥用。应当承认，在发达资本主义国家，反垄断政策越来越多地为国民利益服务，特别是为那些构成国家制度稳定因素的中产阶级服务。由此可见，发达资本主义国家国内生产总值中一半以上是小型企业创造的，这绝非偶然。

在现有竞争环境中，大型企业也会追求工艺技术进步。然而，我们却时不时要思考这样一个问题：为什么在高新技术投入方面俄罗斯落后于发达资本主义国家？从国家层面上看，每年我们投入的科技研发费用与西方发达国家相差无几，但在科学研究和设计实验的资金总投入方面却远远落后于发达国家。原因就在于美国、日本、加拿大、欧盟国家、韩国等国的科研资金投入的最基本和最主要来源是私营企业。导致这种奇异现象的动因，就是竞争和企业追求利润的动机。

在我国经济中，由于缺乏竞争或竞争水平低下，企业家研发高新技术产品的驱动力不足。我国大型企业对于科学研究和设计实验的投入微不足道：2009 年为 8 亿美元。而美国通用汽车公司一家 2009 年投入的科研费用就达 80 亿美元（而且是在金融危机年）！这是俄罗斯所有大型企业科研资金投入的 10 倍。根据俄罗斯经济发展部统计，2008 年俄罗斯研制并应用新科技成果的企业只有 9.6%，而德国相应企业多达 73%，比利时为 58%，爱沙尼亚为 47%，捷克为 41%。该部在一份报告中指出："国家预算对科研的投入有所增加，然而，企业（俄罗斯企业。——作者注）

本身对科研的投入占比越来越小。"①

全球格局正在发生变化，现代资本主义也在向前发展。但仅就最近几十年经济发展速度而言，发展中国家超过了发达资本主义国家。发展中国家国内生产总值在全球的比重不断上升，这不仅仅因为发达国家将一系列生产向劳动力价格相当低廉的发展中国家转移，同时，还因为含有形形色色政体的资本主义本身也有所抬头。在全球市场发展过程中，新兴国家正在挤压传统国家。一股猛烈的商品流和资本流正从发展中国家向发达国家袭来。

当然，这种趋势不是出现在所有发展中国家。有些发展中国家，特别是非洲大陆的一些国家仍然处于世界经济的底层。不过，总体上看，制约这些原殖民国家和附庸国家发展的主要因素还是来自内部。

促使现代资本主义发生明显变化的动因，就是劳动人民的斗争。正是这种斗争才使得资本主义社会向社会生存条件真正缓和的方向发展。应当指出，发达国家的生产发展本身以及分配原则的制定完全取决于广大人民群众的购买力增长。不管怎样，现代资本主义发展的基础并没有"缩小"，不论在全球层面，还是在国内层面均如此。

不过，我们得出这样的结论并非是一时之兴所为。在这里，我想以苏联70年实践中的一件事来结束本章节。在苏联时期，世界经济与国际关系研究所曾从事一项重要课

① 《俄罗斯报》，2010年4月8日。

题研究，即对世界经济发展前景作出评估。在我们的《世界经济与国际关系》杂志上经常刊登各种各样关于世界经济发展的研究文章。当时，有一位读者是内务人民委员部退役将军。他曾给当时的苏共中央写了一封表达愤怒的信函，揭露世界经济与国际关系研究所是修正主义。理由很简单：在他们的文章中居然预测资本主义世界到 2000 年还不能被扫进历史垃圾堆。您以为，苏共中央科学部会认为这种指责很荒诞？恰恰相反，我们不得不写信解释，信誓旦旦地证明我们没有脱离马克思列宁主义。

趋同化——神话还是现实

我清楚记得，苏联科学院世界经济与国际关系研究所曾经就这一问题开展过大讨论，那还是在戈尔巴乔夫提倡公开化的改革时期。当时苏联领导层奉行的官方路线非常绝对：社会主义与资本主义两种社会政治制度的趋同完全不可能。这种路线实际上基于斯大林的一个结论：除了社会主义生产关系，其他一切形式的生产关系都是从前一种形式演变而来的，只有社会主义生产关系是通过完全彻底摧毁资本主义经济基础和上层建筑的革命而产生的。在这种情况下，资本主义的历史作用被贬低为仅仅为无产阶级革命创建了物质基础。

这个结论彻底否定了资本主义的包围对社会主义国家具有影响的认识，同时还断定，社会主义对世界的基本进程和事务具有全面影响。而反过来，资本主义制度对社会主义制度的影响是绝对不存在的。两种社会政治制度可以相互接近的思想，在当时被诅咒为背叛。其实，完全否定两种社会政治制度的趋同不仅阻碍了理论发展，而且还消极影响了苏联的国民经济实践。

否定教条并非一蹴而就。即使是在戈尔巴乔夫改革时期，这种行为也依然带有尖锐思想斗争的痕迹。关于这一点我在《大政治年代》一书中写道："有一种观点在我们看来显而易见是对的，但却不完全符合马克思列宁主义的经典著作，即现实中存在着生产力不受生产关系性质制约的普遍规律。为了证明该观点我们不知花费了多少精力。换言之，客观上存在着一些生产力本身所固有的类似规律，不管在哪里，不管在社会主义制度下还是在资本主义制度下，生产力都在向前发展。反对这种观点的人事实上把我国借鉴西方发达国家经验的大门给关闭了。"[1]

然而，这种借鉴是十分必要的。苏联时期贪大求全的思想牢牢地束缚着我们。我们建设的大型工厂差不多在当时的苏联是某一种商品的唯一生产者。那时我们认为这种大规模生产形式在提高劳动生产率方面一定会战胜小规模生产形式。其实，当时西方国家早就认识到，分散在全国各地的中小企业才具有优越性。我们执著地实行部门管理，而当时的美国约95%的大公司都是跨部门的。这是一种生产组织的高级形式，在企业的上面既没有国家的部委，也没有主管局发号施令。在日本和西欧各国情况也大体类似。这些中小企业或者创造一切条件使昂贵的先进设备尽快折旧，或者创建"风险投资"企业用于解决科学技术进步的

---

[1] 叶·普里马科夫，《大政治年代》，莫斯科，1999年，第26页。

尖端问题。发达资本主义国家组织生产的特点很多，我们还可以列举出一大堆。

这些问题曾经是我们向国家领导人提供研究报告的内容。在勃列日涅夫时期，世界经济与国际关系研究所将这些材料提供给苏共中央的各工作组，而在戈尔巴乔夫时期直接递交到最高领导层。不过，当时谈论这方面内容往往使用讽刺语言。在戈尔巴乔夫时期，时任苏联政府总理的尼古拉·雷日科夫就清楚地认识到，改革轴承工业生产组织形式对于发展苏联机器制造业至关重要，所以召集了各生产单位领导和相关专家学者开会。我们世界经济与国际关系研究所认真研究了瑞典和德意志联邦共和国的经验，为这次会议作了认真准备。我们信心满满地出席了克里姆林宫会议，提出了一个组建 4 个科学生产联合公司的建议，并详细描述了这些公司的框架结构。当有人问到如何在这些企业之间分配高端轴承生产任务时，我们的回答令与会者倍感惊讶：4 家公司同时都生产同一种轴承，以保持一种竞争态势。当时汽车运输部部长发言，对着政府总理说："我保证轴承行业取得突破，为此我还需要一个副部长，这就是他的简历。"

尼古拉·雷日科夫是个聪明人，他马上终止了会议并对这位部长说："看来，您根本就没准备讨论这个问题。"后来，克里姆林宫再也没有召集我们开会讨论该问题。

我还记得，有一次尼·尼·伊诺泽姆采夫院士请我去他家吃晚饭，那还是在勃列日涅夫时期。当时他激动地对我说，他平生第一次受邀作为苏共中央候补委员在中央全会上发言。我建议说："最好写好稿子再发言，不要做标新立异的白鸦。"他回答道："我做不到，我将脱稿发言。"

我的判断是对的，仅脱稿发言这一点就引起了与会者不满。他的发言内容更是引起了大家的反感。尼·尼·伊诺泽姆采夫不赞成在对外贸易领域实行垄断，他指的还不是国家垄断，而是苏联外贸部的垄断。其实这一点他说得没有错。此外，他还谈到，为了确保在科学技术进步的某些攻关领域获得最佳成果，必须制定目标明确的工作措施。这些话还算不上犯大忌，接下来这位院士居然又以资本主义国家日本为例，说日本通过工业和贸易部筹集资金帮助私营企业进军电脑生产领域，而这些私营企业在有效利用资金和成功掌握新一代电脑技术后，马上"分散"到"各家各户"，为抢占市场继续展开竞争。

后来，有人告诉他，一位领导曾经在小范围说："难道你们看不出来吗？他想教训我们！"

尼·尼·伊诺泽姆采夫感到非常苦恼。当时曾任几届总书记常务助理的安·米·亚历山德罗夫－阿根托夫，一位机敏尖刻的人，对这位院士说："尼古拉·伊诺泽姆采夫，您的发言让我们清楚了一个道理：我们必须作出选择，或者把知识分子都撵出中央委员会，或者把中央委员会改造成有知识有文化修养的委员会。"

还有一件事。在戈尔巴乔夫改革时期，苏联掀起了一场反酗酒运动。这场运动完全利用纯粹行政手段推动，最终结果非常令人失望，既没有经济成果，又毁坏了人们的健康（吸毒上瘾、由于自酿白酒而造成白糖脱销、捣毁葡萄园等丑陋现象在俄罗斯空前蔓延）。当我在苏共第十九次全国代表会议上对反酗酒运动提出异议并孤掌难鸣之时，这位聪明俏皮的时任米哈伊尔·戈尔巴乔夫助理的安·米·亚历山德罗夫－阿根托夫，把我叫到一旁说：

"您喜欢哈谢克吗?"①

"当然，他书中的主人公帅克是我最喜欢的角色之一。"

"那么，"安·米·亚历山德罗夫－阿根托夫接着说，"您还记得挂在小酒馆墙上那布满脏兮兮苍蝇屎的费迪南德画像吗？现在我们的画像也如此脏兮兮地挂在所有苏联小酒馆里。"

苏联解体后，东欧各国政治和经济制度都发生了变化。关于两种社会政治制度具有趋同性的大讨论就此也成为了历史。实际上，这种趋同性已经表现出来，比如社会主义经济转变为市场经济，而在大规模垄断基础上的国家调控和计划已经被广泛用于现代资本主义国家。之所以出现这样的变化，主要还是全球社会主义和资本主义内部发展的需要。不过，在两种社会政治制度相互竞争中彼此互相影响也发挥了应有的作用。

在这场竞赛中，现实的社会主义，在苏联和其他加入到全球社会主义市场的国家，没有赢得这场比赛。但是，

---

① 哈谢克，捷克作家，1883—1923年。——译者注

社会主义在世界上并没有消失，在全球广泛传播的社会主义思想依然保留了下来。社会主义思想的主要继承者有：用自由主义思想武装起来的社会民主党、社会主义党和一些国家的共产党，其中包括中国共产党。这些政党实际在很大程度上正在把马克思主义与自由主义拉向趋同。

马克思主义为十九世纪和二十世纪社会主义运动蓬勃发展创造了土壤。我们觉得，不能否认这样一个事实：甚至连一些非马克思主义者都参与传播了马克思主义的社会主义思想。这里的差别在于如何解释这些思想。马克思列宁主义者紧紧抓住下面几点：把社会主义思想同战胜资本主义生产方式相联系；把它同战胜资本主义社会"伪民主"相联系；把它同劳动人民的社会革命相联系。而当今那些非马克思主义的社会主义者们，个别人除外，他们也发现了资本主义制度的严重矛盾和显而易见的消极特征。但是，他们寄希望于资本主义本身发生演变，而在那些已经由这些社会主义者组成政府的国家里，在这方面投入了大量精力。典型的例证是那些社会保障水平很高的斯堪的纳维亚半岛国家的社会主义政党①。

自由主义思想已经有了上百年历史。这期间该政治学说没有发生太大改变。它的主张是，包括财产权在内的个人自由，分散执政权力的民主改革和社会监督政府等。至于它在经济方面的学说，在二十世纪期间还不够稳定，但

---

① 这里指瑞典、挪威等北欧国家。——译者注

主要理论有：市场是调节经济的唯一手段。基本要求是：把国家干预经济的程度降低到最小。该学说的说服力不强。1929—1932 年经济大萧条时期，自由主义催生了弗兰克林·罗斯福的"新政"，主张国家是市场关系的调节者。

自由主义在经济方面的学说发生转变与约翰·凯恩斯这个名字紧密相关。他是二十世纪最著名的经济理论奠基人。凯恩斯主义坚持国家必须干预经济，以此来消除资本主义经济中的不平衡和市场的失衡。该学派直到上个世纪 70—80 年代都是西方主导的经济学派。

后来，在批评凯恩斯主义的高潮中自由主义的里程碑被替换了。代之而起的是伦敦经济学派和美国芝加哥经济学派，其代表人物有米尔顿·弗里德曼和富兰克·奈特等人。他们提出，必须削减国家开支，包括社会开支，尽可能鼓励个人和私营企业，强化市场作用。他们反对国家干预经济并限制垄断经营，反对累进所得税制和国家控制价格。米尔顿·弗里德曼及其追随者还发展了关于货币在发展资本主义经济中起主要作用的观点。该观点后来获得了"货币主义"称号。其追随者还认为，通货膨胀的原因是货币总量过快增长，这是推行凯恩斯主义紧缩财政调控经济方法的结果。

在二十世纪后半叶的资本主义世界，凯恩斯主义渐渐被新自由主义、货币主义和新古典主义所替代。

值得关注的是，随着 2008 年新的全球金融危机爆发，该学派也走进了死胡同。美国和欧盟国家采取的反危机措施基本上是基于凯恩斯主义思想：加强国家调控作用；国家缺乏对经济的调控是爆发全球金融危机，继而导致全球经济危机的深层次原因。

众所周知，二十世纪九十年代掌控俄罗斯经济政策的人曾标榜自己是自由主义者。实际上，把他们称做伪自由主义者或新自由主义者更为贴切。这些人行为的主要目的，就是捣毁与社会主义制度相关联的一切。为此，他们不惜牺牲俄罗斯大多数人民的利益并压制阻止他们破坏行为的民主。他们口头上反对国家干预经济，断然让市场决定一切。为此还动用国家机器为一小撮寡头敛财鸣锣开道，把国家不可估量的自然资源控制在自己手中。

我觉得，平心静气而论，称赞那些在苏联向俄罗斯联邦过渡时期掌控国家经济舵轮的人是不公正的。罗伊·梅德韦杰夫作为一位在创作上兼有著名史学家和杰出记者于一身的俄罗斯当代著名政论作家，曾经在他的一系列文章中详细描写了1993—1994年俄罗斯的私有化过程。在此我摘录他书中的一段话："许多自由主义的辩护者都纷纷写文章，强调必须把效率低下企业的管理责任从'国家的肩上'卸载下来。然而，私有化的主要目的则是尽快形成私有者阶级或阶层，以便让这些私有者成为国家新制度的牢固基础。这样的私有化不论就其目的和规模而言，还是就其周期而言在经济史上都是空前的。曾经打算在3—4年时间里完成下面一个计划：把国家在74年间创建起来的，而且还包括十九世纪七十年代工业发展以来所建设的大多数国营企业股份化、拍卖掉或在国民中瓜分。与此同时，还应当把始于1991年末的向资本主义市场经济的转变画上句号。在'改革'的最初年代，什么提高管理效率、实现国家现代化、完善国家预算等都没能成为私有化政策的目标。"①

今天，我们试图赶上那些在科学技术领域远远走在我们前面的国家。我们的总体落后是在战后相当长时期内持续累积起来的，这便是苏联的最大弱点之一。不过在一些重要科学技术领域这种落后并不十分明显。在此我可以引证为据。有一位最内行的专家、诺贝尔奖得主 Ж. И. 阿尔费罗夫院士说："我们在许多领域其实并不落后，在某些领域甚至还处在前沿……今天我可以断言：如果那个年代②国家领导人都是些思维正常、头脑清楚的人，那么，过去我国的许多部，即使不是全部的话，起码也是多数部今天都可以成为强大的跨国公司，都会卓有成效地在今天的市场上与诸如 IBM 和 Philips 这样的跨国公司一决雌雄。"③

我还想强调一点，从经典意义上讲，新自由主义与自由主义没有丝毫共同之处。正如前面所表述的，当今社会主义运动正在与凯恩斯学派的自由主义，而不是新自由主义相接近。这样便出现了社会发展的新的趋同形式，即把社会主义和自由主义最有价值的内容结合起来的形式。这

---

① 罗·梅德韦杰夫（Медведев Р.），《政治人物肖像》，莫斯科，2008年，第390页。

② 二十世纪九十年代。——作者注

③ 《俄罗斯报》，2010年9月28日。

种形式集中体现在那些用实际行动将市场经济融入社会发展目标的国家。

现代中国原则上就属于这种类型的国家。一位研究中国问题的学者米·列·季塔连科院士在与我谈话中简洁扼要地介绍了现阶段中国领导层的思想原则。

在拥有 7000 多万党员的《中国共产党章程》中表述了一系列行为准则的思想基础，有马克思主义①、毛泽东思想、邓小平理论、"三个代表"重要思想②和"科学发展观"。将无产阶级专政改为"人民民主专政"。中国共产党宣布自己为全体人民的党，全民族的党。中国民族资产阶级成为社会权利平等的一部分，是"中国特色社会主义"建设的参与者。剥削阶级的代表可以加入中国共产党。资本主义世界成为"开放政策的对象"。这项政策的目的就是，为建设"中国社会主义"吸引外资、先进技术和管理经验。用和谐的国际关系替代世界革命。他们的最低纲领是：到 2020 年建成中等富裕程度的社会。长期纲领是：到 2049 年达到现在中等发达国家人均收入水平，到本世纪末达到发达国家人均收入水平。这些阶段性目标不是以国内生产总值，而是以人均国内生产总值来计算的。

用季塔连科院士的话来表述，就是"在中国可以观察

① 没有提列宁主义。——作者注
② 2000 年代初，中国共产党通过了"三个代表"的概念，其实质内容是：中国共产党代表先进生产力，代表先进文化，代表广大人民群众的根本利益。

到将内在相互矛盾的因素——经济自由主义与权力集中结合起来的现象。强调中国共产党的绝对领导地位。中国的思想变化体现在三个必须上，即必须保证国家全面综合发展；必须改革经济和国家管理体制以适应时代要求；必须确保社会政治稳定。后者是保证改革开放政策得以顺利进行的最重要条件"。

很明显，对于中国来说，这是摆脱许多世纪落后面貌的最佳结合方法。如果说，过去可以把中国共产党归到世界共产主义运动的极"左"翼，那么，现在就连它自己也承认，肇始于社会主义一国胜利论的世界革命即托洛茨基所说的不断革命论是没有前途的。中国不仅仅承认这一点，而且还由此用实践作出了结论。

苏联为什么会解体？

　　这个问题经常被人们提起。我们可以大胆地作出以下假设：大多数俄罗斯人和原苏联各加盟共和国的公民对已经不复存在的苏联有怀念之情。

　　从 1991 年 3 月 17 日苏联全民公决 76% 的参加者赞成保留苏联那一刻起，到同年 12 月 8 日在别洛韦日国家森林度假区发表苏联解体声明止，前后不到九个月时间。在全民公决投票中，12 个加盟共和国（除波罗的海沿岸三国以外的所有加盟共和国）1.49 亿居民参加了投票。然而，后来在别洛韦日国家森林度假区，两位总统和一位最高苏维埃主席也参加了"投票"，他们是俄罗斯联邦总统鲍里斯·叶利钦、乌克兰总统列昂尼德·克拉夫丘克和白俄罗斯最高苏维埃主席斯坦尼斯拉夫·舒什科维奇。当时的见证者曾经这样描述说，他们都喝了很多酒以此来为自己壮胆。在这里，阴谋再加上些许即兴发挥导致了国家政变。

　　为了便于理解当时究竟发生了什么，在这里我介绍一个小插曲。2009 年，哈萨克斯坦总统努·阿·纳扎尔巴耶夫给我讲了当时的一个细节。他说，鲍里斯·叶利钦在前往参加"三方会谈"之前曾对他说，他去那里为的是把固执的列昂尼德·克拉夫丘克拉来签署共同国家协议，此前该协议文稿已经起草完毕。根据这种说法，可以判断出两种可能：一种是签署苏联解体协议的念头是即兴产生的（但相信者甚寡）；另一种是这些阴谋家们害怕泄露天机故意瞒天过海。因为，他们心知肚明，国内还有大量要求通过改革保留苏联的拥护者，这些人会奋起反击的。然而，事实上人们并没有抵抗和反击。当时具有决定性话语权的是米哈伊尔·戈尔巴乔夫。他本可以下命令让白俄罗斯的军队包围别洛韦日国家森林度假区，甚至不是去逮捕签约人，而是从三个加盟共和国领导人手中抢回匆忙起草的文件，"把他们分别送回老家"。据当时在别洛韦日国家森林度假区的人回忆，"文件签署者们"本身就担心事态会翻盘。但是，在国家紧急状态委员会成立之后，特别是米哈伊尔·戈尔巴乔夫回到莫斯科后屈尊去见鲍里斯·叶利钦之后，这位从未展示过自己坚强意志的米哈伊尔·戈尔巴乔夫便被迫下台了，他不得不认输。

　　就在这一时刻，仍然有不少人试图再一次对苏联全民公决中提出的问题作出肯定回答。这个问题就是：您是否认为必须保存苏维埃社会主义共和国联盟作为各平等的主权共和国革新了的联邦，在这个联邦中各民族的人权和自由将得到充分的保障？该问题的措辞是在苏联最高苏维埃大会上讨论通过的。它把我们赖以生存了70年的国家保留下来的必要性与改革开放的重要性联系起来。别洛韦日政变13天后，来自苏联11个加盟共和国的首脑在阿拉木图举行了会谈，签署了支持别洛韦日协议的声明并宣布成立独立国家联合体（独联体）。在该联合体内没有设置任何相应机构，如立法机构、执行机构和司法机构。

　　这一切为什么发生得如此之快又如此之顺利呢？一些历史学家和时事政治评论家找到一个借口，说八月事件，也就是紧急状态委员会试图夺取国家权力的行为把大家吓怕了。这种解释有一定道理。当时社会上绝大多数人的情绪显而易见：人们发现在紧急状态委员会成员中有要把国家带向集权制度的人物。完全有理由认为，为了保住苏联，紧急状态委员会的头头们不会推行结构性改革措施。

　　当时，克格勃、军队和军工企业的头头一跃成为国家领导人的势头在某种程度上已经被从其他领域提拔上来的代表弱化了。这一点也加速了苏联的崩溃。人们在吉尔吉斯斯坦总统阿斯卡尔·阿卡耶夫的一段话中可以找到另一个借口。他说："当苏联在比什凯克的驻防军根据莫斯科阴谋家的命令使坦克发动机隆隆作响之时，还有什么主权可言！"① 叛乱期间，一份关于乌克兰独立的议案被提交到议会，并于8月24日获得通过。该议案的开篇句是："由于1991年8月19日苏联发生了国家政变，乌克兰正面临着生死攸关的危险……"

---

① 谢·拜穆哈梅托夫（С. Баймухаметов），《苏联自食其果，或是"离奇"崩溃》，《记者》，2004年12月第12期，第14页。

不过，可以想象得到，8·19叛乱充其量起到的是雷管作用：它引爆了苏联在过去发展过程中给自己埋下的地雷。

但是，既然我写到了紧急状态委员会，那么就想在此驳斥一下某些人的观点。这些人认为政变阴谋者与戈尔巴乔夫上演了一场闹剧。这种说法显然不符合客观事实。当戈尔巴乔夫的那些向来不够亲密的战友们组团来到克里木的福罗斯要求他同意并宣布苏联实行紧急状态时，米哈伊尔·戈尔巴乔夫拒绝了。当然，他本可以与这些人一起返回莫斯科，然后召开最高苏维埃会议。然而，米哈伊尔·戈尔巴乔夫没有走这着险棋，也许是因为过于谨慎，担心自己会有生命危险。

在此我可以谈谈自己的一些印象，因为当时有机会参与了接下来发生的一系列事件。在当时的苏联安全委员会成员中，我和瓦季姆·巴卡金是反对紧急状态委员会的绝对少数派。8月21日俄罗斯苏维埃联邦社会主义共和国部长会议主席伊万·西拉耶夫给我们打来电话，建议我们乘坐俄联邦的飞机前往克里木的福罗斯去见米哈伊尔·戈尔巴乔夫。这时，莫斯科街头上的坦克已经开始撤离，这一切都明白无误地告诉我们，叛乱已经平息下来。在我们乘坐的俄联邦飞机抵达克里木的福罗斯之前，紧急状态委员会领导成员乘坐的另一架飞机刚刚着陆。在我们乘坐的飞机上，除了我以外，还有亚历山大·鲁茨科伊、尼古拉·

费奥多罗夫①和一些手握自动步枪的军官。很显然，紧急状态委员会领导成员来此是为了寻求米哈伊尔·戈尔巴乔夫的原谅，否则很难解释他们此行的动机。从机场出来前往米哈伊尔·戈尔巴乔夫别墅时，我们几乎与从前一架飞机下来的旅客同时上路。这时的紧急状态委员会已经彻底瓦解。总统与外界的所有联系方式均恢复如初，于是总统马上开始下令加强对克里姆林宫的保卫工作，并采取其他措施确保莫斯科安全。

米哈伊尔·戈尔巴乔夫愉快地接见了我们，但断然拒绝会见政变分子，阿纳托利·卢基扬诺夫除外。米哈伊尔·戈尔巴乔夫与阿纳托利·卢基扬诺夫谈话时我在场。本来我想回避，但米哈伊尔·戈尔巴乔夫把我叫住了。在此之前，我从未见过米哈伊尔·戈尔巴乔夫如此大动肝火，他怒不可遏地说："为什么你不立即召开苏联最高苏维埃会议？你是我信任的人，为什么听任叛乱分子胡作非为？（这时还脱口说了句骂人话）好了，就谈到这吧。你给我出去，听候发落。"就在这栋别墅里，总统下令逮捕了弗拉基米尔·克留奇科夫，并用我们乘坐的那架飞机把他押解到莫斯科。

我与米哈伊尔·戈尔巴乔夫谈话期间，他的妻子赖莎·马克西莫芙娜从别墅的二楼扶着楼梯扶手缓慢走下来，几天的强制性隔离（软禁）生活在她的脸上明显留下了痕

---

① 该人时任俄罗斯联邦社会主义共和国司法部部长。

迹，面容有些憔悴、消瘦，下眼帘肿起。

我们同米哈伊尔·戈尔巴乔夫一起飞回了莫斯科。在两个小时的飞行途中，大家一直交谈着。戈尔巴乔夫不可能是在演戏。而我也不是那种轻而易举被人忽悠的人……

8月的叛乱在我国历史上产生了非常恶劣的影响。在此之前，苏联加盟共和国中只有立陶宛和格鲁吉亚宣布了独立，然而在紧急状态委员会发动政变之后，其他加盟共和国一下子就都加入到独立的行列里来。当时可否采取断然措施阻止这种悲剧的发生呢？政变失败本身已经非常清楚地说明，那些试图把苏联原封不动地保留下来的人已经没有前途可言。但是能否将由十二个加盟共和国（关于波罗的海沿岸三个国家，这里已经无须赘言，因为苏联最高苏维埃已经正式承认它们退出苏联）组成的统一国家以其他的联盟形式保留下来呢？

我相信，米哈伊尔·戈尔巴乔夫在犯了一系列错误之后还是想通过签署一个联盟协议来达到保留统一国家的目的。然而，已经时过境迁，建议各加盟共和国签署一个保留共同经济空间协议而非某种政治协议的时机已经错过。我知道，追溯历史事件是不能用"假如发生"之类苍白无力的套话的。不过，假如在是否保留统一国家的全民公决之后不马上采取成立主权国家联盟的方针，而是分阶段组建"软"联邦，比如先签署旨在保留共同经济空间的协议，那么分离主义分子的阴谋就不会得逞。

这种想法只不过是梦幻一场。在我的存档中至今还保留着 1991 年 4 月 16 日在米哈伊尔·戈尔巴乔夫办公室的开会记录。在波罗的海沿岸国家的人民代表中颇有威信的爱沙尼亚经济学家米哈伊尔·布龙施泰因曾在会上指出，在中央政府与各加盟共和国尖锐对立的情况下，签署经济和政治一体化协议要在时间上分段错开。我清楚地记得沃伦别墅会议的情景。应邀参加会议的有斯·谢·沙塔林、亚·尼·雅科夫列夫、瓦·安·梅德韦杰夫、阿·谢·切尔亚尼科夫、格·霍·沙赫纳扎罗夫和叶·格·亚辛等人。该小组负责起草总统在第四次人民代表大会上的报告。我负责写关于政权部分。当时我向米哈伊尔·戈尔巴乔夫建议，把报告的话题主要放在各加盟共和国签署统一经济空间协议上。起草小组里的许多人都支持我的建议，然而，米哈伊尔·戈尔巴乔夫却马上拒绝了。第二天他对我说："这个建议不妥。"我问他："为什么？"他说："到时候这些加盟共和国会停留在签署经济一体化协议上不动，这样他们就不会愿意再签署联盟协议了。况且，现在大家都声明要签署这份已经准备好了的政治协议。"当时，戈尔巴乔夫既没有考虑到各加盟共和国的真实立场，也没有注意到下面一个事实：要保留统一经济空间就不可避免地要设立权限超出加盟共和国之上的机构，比如在统一货币情况下，要有一个统一的中央银行；在统一海关政策情况下，要有一个统一的海关机构等等。

在苏联辽阔的地域上分阶段保留统一国家的努力失败了，接下来埋在苏联脚下随时会爆炸的火药筒便越来越多，有经济方面的、政治方面的、意识形态方面的、国内的、国外的、战略性的和权宜之计的等等。

有些人把苏联崩溃的原因归结为，是戈尔巴乔夫改革时期一系列政策失误造成的。比如有这样一种结论：米哈伊尔·戈尔巴乔夫执政之原苏联国内生产总值仅稍微逊色于美国。然而，这里并没有指明，按官方统计，我国的国内生产总值几乎是美国的一半。不仅如此，一位在世界经济与国际关系研究所与我共事多年的出色的经济学家瓦·米·库德罗夫还断言，即使依据官方统计数据，八十年代初苏联在国民收入、工业生产、资本投入等方面与美国的相应比值也说明，当时的情况比以前有所恶化。甚至瓦·米·库德罗夫还这样写道："首先，苏联中央统计局故意把苏联的国民收入和工业产值同美国的比值提高了一倍。事实上，上个世纪70—80年代两国的相应比值是：苏联的国民收入只占美国的30%，而工业生产总值则占美国的40%……其次，中央统计局还故意把苏联的经济增长速度提高了一倍；第三，中央统计局在报告中实际上大大压低了苏联的军费开支，提高了居民实际收入、粮食产量和人均肉类消费量等统计值。"①

苏联崩溃的深层经济原因在于行政命令体制的结构性危机。其实，苏联时期我们国家也取得了很多成就，例如苏联成为了工业强国；在西西伯利亚地区开发了储量丰富

---

① 《俄罗斯报》，2006年4月21日。

的大油田，迄今为止，俄罗斯石油还大多产于该地区；征服宇宙；在核导弹方面与美国旗鼓相当等。这些成就确实是在行政命令的经济管理模式下取得的。这种体制确实可以动员全国一切力量和潜力，在一些重要领域实施突破。苏联在高等教育方面也成绩斐然，把普及中等教育立为法律，职业技术培训体系有了长足发展，整个国家都在读书学习。但是与此同时，一系列关乎国计民生的领域却一直走下坡路。人们不管走到哪里，看到的都是商品短缺，商店里的橱窗和货架空空如也。这情景就发生在那个一切困难都不在话下的年代：为了达到建设一个工业化国家的重要目的，农村濒临破产，集体农庄庄员毫无权利可言，他们没有护照，不能擅离职守、自主选择工作。在第二次世界大战中，国家经受了巨大牺牲和破坏，接下来又英勇顽强地投入到战后重建工作。人民经受住了这一切磨难，本指望这艰难崎岖的道路会通向幸福美好的未来，然而，美好的愿望未能实现……

按照马克思主义原理：当生产关系与生产力性质相适应时，生产力发展就比较快、效率就比较高。苏联"社会主义"生产关系便是根据这个思想创建起来。然而，事实却与马克思主义这个原理相矛盾：苏联同发达资本主义国家在非军工领域落后的差距越来越大，劳动生产率不断下降，居民生活水平每况愈下。这十分不正常。

苏联也曾经试图改革经济管理模式，以求阻止与西方发达国家的落后差距不断拉大。在戈尔巴乔夫改革时期，人们的注意力就集中到了这方面。1987 年苏联《国营企业（联合公司）法》获得通过。该法律为国营企业作为经济主体自主经营、自负盈亏、独立核算铺平了道路。

1988 年通过的《苏联合作制法》也具有特殊意义。苏联杰出的经济学家斯·阿·西塔良主持了该法律文件起草委员会工作，并直接向政治局汇报。这起到了积极作用。"虽然当时没有公开指明需要实行私有制，但这种思想已经表述出来，合作制可以与国家所有制同步发展。这为淡化国家所有制是掌控国家资源唯一形式的思想作出了重要尝试。"[①] 斯·阿·西塔良用这样的描述表达了当时苏联那些思想先进的经济学家们的心情。在戈尔巴乔夫改革时期还有一个重要变化，就是将企业考核指标从生产总值改为产品销售额和作为生产推动力的利润额。

当时，出于反对用教条主义方法对待马克思主义学说的需要，同时考虑到苏联有一批在理论层面反对发展合作制经营的人，我写了一篇文章发表在《真理报》上。其中指出："在行政命令经济管理模式下，这种经营方式（合作制。——作者注）事实上或被否定或被降格为次要的辅助的经营方式。于是就得出了这样一个结论：有必要逐步削减合作所有制规模，确立国家所有制为统一的所有制形式。似乎唯有国家所有制才能决定社会主义性质……甚至像集体农庄这种合作所有制形式，在很大程度上也丧失了独立

---

① 斯·阿·西塔良（С. А. Ситарян），《未来的借鉴》，莫斯科，经济报出版社，2010 年，第 73 页。

经营权，已不具备合作所有制性质，变成了国营企业的另外一种形式。"①

顺便提一句，《真理报》是苏共中央机关报，上面刊载的文章均反映官方路线。当时苏共中央的路线是，利用合作制法来改革苏联的经营机制。

许多人都曾经指望，把大牌学者吸引到经济改革中能够有助于理论突破，然而他们等来的却是大失所望。当时苏联确实成立了一些研究小组，分别由列·伊·阿巴尔金院士和斯·谢·沙塔林院士领导。他们提出了一系列很有意义的改革思想。但是，不论是法律所规定的原则，还是列·伊·阿巴尔金院士和斯·谢·沙塔林院士领导的研究小组提出的重要建议，最终都未能得以实现。要实现这些原则和建议，就必须走向市场竞争和实行经济自由，把国家调节机制同市场调节机制结合起来。然而，米哈伊尔·戈尔巴乔夫却左右摇摆不定，并处在一片责难声中。来自右翼的人士指责他说："改革力度还不够。"而来自左翼的人士也谴责说："你这是拱手让出社会主义阵地。"

与此同时，客观现实又迫切要求中央尽快作出决策，加快经济增长速度，搞活农业生产、商业贸易和服务行业，为改善居民生活创造条件。然而，这些任务未能完成，经济改革功亏一篑，并陷入了一种进退维谷境地：工业的指令性调节手段已经动摇，然而，在大中型工业企业中国营

---

① 《真理报》，1988 年 3 月 20 日。

经济与私营经济进行合作的改革局面，特别是走向市场竞争的局面却未能出现。

由于国家预算计提数额骤然增大，苏联的经济形势加速恶化。这是诸多因素造成的。当时苏联开展了不明智的反酗酒运动，加之切尔诺贝利核电站发生灾难性核事故，亚美尼亚发生可怕的大地震，以及改革期间国际石油价格猛烈下跌，实际上自上个世纪七十年代起苏联就如坐"石油针毡"。

毋庸讳言，斯大林逝世后，苏联的改革尝试始终未曾间断过，国家一直试图摆脱依靠行政命令管理经济模式给经济造成的危机。改革不仅仅只发生在戈尔巴乔夫执政时期。但是，每一次的改革尝试都以失败告终。1965 年时任苏联部长会议主席的阿·尼·柯西金领导的一次改革流产了。1968 年苏联制定的第一个旨在对企业进行经济刺激、促使职工关心生产效率并把利润指标作为最重要经济衡量标准的计划也遭到了否决。

柯西金领导的改革之所以能出炉，是因为赫鲁晓夫执政时期苏联的经济改革惨遭失败。早在尼·谢·赫鲁晓夫执政的最后几年里，"上层领导"就围绕着是否摆脱唯意志论经济政策展开了斗争。斗争的焦点是：是否成立国民经济委员会，是否将集体农庄国有化，是否把地方党组织拆分为领导工业的党组织和领导农业的党组织等问题。1962 年 9 月 9 日《真理报》刊登了哈尔科夫国立大学教授叶·格·利别尔曼的一篇文章，标题很有特点，叫《计划、利润、奖金》。当时，国内外的眼球一下子都被吸引到这篇文章上来。不仅如此，国外媒体还把叶·格·利别尔曼看作是 1965 年柯西金改革的真正设计师，而且把苏联经济的"利别尔曼化"当作时髦术语来使用。

该篇文章发表之时，恰逢我在《真理报》编辑部工作，所以清楚记得当时处理叶·格·利别尔曼稿件的情景。文章发表之前，许多人在整理他写给苏共中央的信件和按中央指示将这些信件扩展成一篇文章的过程中付出了大量心血。可以斗胆断定，该篇文章之所以能刊登在《真理报》上，是因为当时中央政治局部分成员——政治局在当时是国家最高领导机关——抱定这样一种观点：必须对企业和职工进行经济刺激，以便对中央集权的计划管理机制作出补充。几年后，当我与叶·格·利别尔曼在埃及首都开罗见面时，他本人也证明了这一点。此时我是《真理报》驻开罗记者。①

在苏联经济改革过程中显然我们很不走运。导致改革草草收场的主要原因是，与苏共内部为夺取最高领导权而展开的政治斗争相关联的领导人的主观动机不纯。以尼·维·波德戈尔内和尼·亚·吉洪诺夫为代表的政治局保守派成员猛烈抨击阿·尼·柯西金的改革。当时发生的

———————————

① 叶·格·利别尔曼教授应纳赛尔邀请来到开罗。他们用英语单独交谈了几个小时，主要话题是苏联的经济改革。纳赛尔是个有文化修养、文质彬彬的领导人，对西方盛传的观点不屑一顾，对社会主义国家经济管理经验十分感兴趣并想在埃及借鉴部分经验。

捷克事件又起到了火上浇油作用。与时任苏共中央总书记的列·伊·勃列日涅夫关系密切的尼·尼·伊诺泽姆采夫，曾经给我讲述了总书记是如何改变主意的过程。列·伊·勃列日涅夫担心"布拉格之春"事件会影响到苏联。就在苏联坦克开进布拉格之前，列·伊·勃列日涅夫对尼·尼·伊诺泽姆采夫说："尼古拉，我们俩是战友，我认为，应当从我国经济中果断卸掉包袱。"接下来的谈话，用尼·尼·伊诺泽姆采夫的表述，完全具有了另外一种性质。在任命尼·亚·吉洪诺夫为部长会议主席替换掉阿·尼·柯西金时，列·伊·勃列日涅夫说了一句众人皆知的话："现在我对我们的经济感到放心了。"

令他放心的理由实在有些牵强附会。自从柯西金改革夭折后，苏联的科技进步便迟缓下来，企业设备的有形损耗和无形损耗日趋显现，劳动纪律与工艺规程改善只停留在愿望之中，经济增长速度明显减慢。

这些情况都鲜为人知。然而，被迫站在是否采取经济改革措施十字路口的却是尤·弗·安德罗波夫。当他被选为苏共中央总书记后，马上邀请其他几位苏共中央书记到自己办公室，其中有尼·伊·雷日科夫、米哈伊尔·戈尔巴乔夫和弗·伊·多尔吉赫，并责成他们起草一份关于改革国家经济管理体制的方案。在该方案起草过程中还吸收了一些经济学家和专家学者参加。方案起草小组提出建议的内容包括：最大限度地推动企业自主经营；不仅在农业而且在工业领域也大力发展合作制经济；把经济管理机构和生产单位的注意力转移到经营活动上来。对该建议草案表示肯定之时，尤·弗·安德罗波夫已经躺在了医院的病榻上。他表示愿意会见方案起草小组成员。遗憾的是，他没能等到会见的一天就与世长辞了。斯·阿·西塔良说："我坚信，如果当时我们提出的经济改革建议得以实施，那么国家的命运将会是另外一个样子。然而，历史是没有假定式的。"①

诚然，任何改革都不会完美无缺，戈尔巴乔夫之前的改革如此，之后的改革亦如此。然而，试图通过有针对性地克服改革中的缺陷和付出代价来脱离行政命令管理模式的情况没有出现。

我不想成为下面这样一种人：他们不仅对我国历史中苏联时期的成绩视而不见，而且还否定苏联经济管理模式中应当肯定的一面，诸如计划、工业政策和国家对经济机制的监控能力等（这样看问题的人不多，大家把注意力主要集中到我们的人民付出的代价方面了）。在二十世纪九十年代前半期，所有这些成绩（在没有进行任何适应市场经济尝试的情况下）就被新自由主义者们令人无法容忍地抛弃掉了。

我很清楚苏联创建某种经济模式的可行性边际在哪里。苏联的发展毕竟是在敌对势力包围情况下进行的，这是不争的事实。我并不认为我们自己是这种敌对情绪的主要制

---

① 斯·阿·西塔良（С. А. Ситарян）《未来的借鉴》，莫斯科，经济报出版社，2010 年，第 74 页。

造者，虽然在某种程度上我们为这种敌对情绪推波助澜了。敌对情绪造成的结果是，我们把大部分的生产能力、科研力量和预算资金投入到了装备军队和海军方面。结果导致那些保障人民生活的产业和服务业深受其害。与此同时，当时的国家经济事实上处在与世隔绝状态，受西方经济封锁政策的钳制，与西方国家的贸易额少得可怜。这极大地减少了通过竞争获取科学技术进步成果的机会。只是在第二次世界大战之后，苏联经济才实现了半开放，而且大多还是与社会主义国家和发展中国家开展对外经济联系。

后来纯粹人的因素开始突显出来，特别是在西方取消"铁幕"政策之后，人们越来越多地走出国门或与来到我国的外国人接触，对商品特别是生活必需品长期短缺感到不满。随后地下经济雨后春笋般蓬勃发展起来。俄罗斯讽刺剧作家阿尔卡季·赖金在他的一部小品中把"短缺经济"描写得淋漓尽致。他把"社会上最受尊敬的人"的桂冠戴在了商店经理和有走后门本事的人头上，而且认为，能结交这样的人具有崇高的不可限量的意义。

苏联公民对经济现状的不满情绪为分离主义分子提供了契机。那些分离主义者试图蛊惑人心，让人民相信，经济形势日益恶化是因为俄罗斯联邦利用其他加盟共和国的自然资源为自己的利益服务。这种论调在乌克兰和格鲁吉亚特别盛行。各加盟共和国相继独立后，客观现实却证明，上述论调离真理相差十万八千里。结果证明，俄罗斯的经济状况和主要经济指标都大大好于那些独立出去的主权国家。俄罗斯的人均国内生产总值在 2008 年比乌克兰高出 2 倍，比摩尔多瓦高出 15.6 倍，比乌兹别克斯坦、吉尔吉斯斯坦和塔吉克斯坦等国高出 10—15 倍不等。

1990 年格鲁吉亚电视台曾经对我进行了一次采访。节目播出后，许多住在第比利斯的熟人都向我表示，他们对我的答记者问感到迷惑不解，有人甚至还为下面一段话而责备我。当时我说："我知道你们拥有杰出的经济学家，那就让他们预测一下'主权国家'的格鲁吉亚对外贸易差和国际收支状况吧，为格鲁吉亚对能源、原料、金属和粮食方面的需求做个总结，然后计算一下，依靠国内资源在多大程度上能够满足需求？按国际市场价格需要花多少钱才能获得缺口资源？武装力量、行政机关、驻外机构的开支，还有教育、文化和社会发展经费应当是多少？"

先不要指责我一贯反对格鲁吉亚独立。问题在于应当理智地评价格鲁吉亚留在俄罗斯起中心作用的统一经济空间会获得什么好处。

毫无疑问，苏联解体的最大原因之一就是中央和各加盟共和国之间的关系出现了危机。在成员国递增基础上渐进地创建国家，这本身就使联邦制度不够健全。弗·伊·列宁并非从一开始就反对建设一个单一制国家，而是在患重病之前的几年间才逐渐倾向于反对者一方。这一点可以从他的一系列信件中看出。这些信件不仅含有责备中央一些在国家问题上带有沙文主义情绪的领导人（通常是非俄罗斯族人）的内容，而且还在字里行间流露出主张建立联邦制国家的意愿。

最后，建立一个"形式上"的"摆样子"的联邦制国家路线占据了上风。这种联邦体制的特点主要反映在几部更替的宪法里。然而，实际建立起来的却是绝对的中央集权的单一制国家。各加盟共和国虽然宣布拥有主权并实行自治，但实际上所有或几乎所有的命令都发自于莫斯科。

不可否认的是，苏联为各民族文学、艺术、电影、戏剧、教育和医疗保健的发展创造了有利条件。最值得肯定的是，苏联为各加盟共和国知识界创造了必要而紧密的交流平台，使地方的科研和工业都得到了发展。然而指令却都来自中央。许多问题的解决通常不是从经济合理性方面考虑，而是从政治需要考虑，甚至包括各加盟共和国要建设某类企业这样具体问题也要由中央决定。有一个最典型的例子，在格鲁吉亚鲁斯塔维市建设一个冶金联合企业，然而矿石和焦炭却要从很远的地方运输过来。美其名曰：这家企业在这个"小资产阶级"占优势的国度里有助于促进真正工人阶级的形成和发展。

来自中央的干部政策必须无条件贯彻执行。如果加盟共和国首脑是由"土著居民"的代表担任，那么加盟共和国的党中央第二书记就必须由莫斯科任命的"总督"担任。有时，中央也向地方派遣第一书记。比如，中央曾经先后把拉·莫·卡冈诺维奇、列·格·梅利尼科夫派往乌克兰任第一书记，把列·伊·勃列日涅夫派往摩尔达维亚，后来又派往哈萨克斯坦任第一书记。"土著居民"出身的一把手通常不兼任加盟共和国克格勃领导。其实这再清楚不过了，党的机关和克格勃才是加盟共和国的实际主人。毫无疑问，没有莫斯科的命令，加盟共和国既没有任命本国主席的权力，也没有任命政府总理的权力，甚至连分散在加盟共和国各地的大型企业领导人都不能任命。一些无关紧要的任命也需要与莫斯科商量。

这种状况在戈尔巴乔夫改革时期依然延续着。例如，1986 年底中央把根·瓦·科尔宾从原来的乌里扬诺夫州党委第一书记一下子提升为哈萨克斯坦加盟共和国党中央第一书记。该人与哈萨克斯坦从未有过半点联系。努·阿·纳扎尔巴耶夫曾经在自己的回忆录中这样写道："说实在的，对此次任命没有什么好评价的，因为我们谁也不了解这个人。大家都有些发懵。就在这样一种茫然若失状态下召开了中央全会。这个会议议程只持续了 18 分钟。大家都举了手，于是根·瓦·科尔宾就成了哈萨克斯坦加盟共和国党中央第一书记。无条件服从中央决定综合症再一次占据了上风，'我们是党的战士'这种战时心理综合症占据了上风。没有人去思考这样做会产生什么后果。结果很快就显现了出来。"[1] 当地群众自发举行了大规模示威游行和抗议集会，人们以此作为对任命根·瓦·科尔宾为哈萨克斯坦加盟共和国党中央第一书记的回应。

那么事实上"联邦垂直领导"是按照怎样的议会制程

---

① 努·阿·纳扎尔巴耶夫（Назарбаев Н. А.），《没有右派也没有左派》，莫斯科，1991 年，第 179 页。

序实现的呢？每个加盟共和国都会收到来自苏共中央组织部的干部任命通知书，该任免通知书用于莫斯科任免外派干部，用这些干部替换掉加盟共和国的原有干部，而这些原有干部又会调到苏联最高苏维埃填充候补职位。（我们数一数苏维埃代表的数量就清楚了。任命候补代表实际上就等同于苏维埃代表。其实这些代表都是形式上的而非真正意义的代表。）举例说明，当上级决定科学院世界经济与国际关系研究所所长应当成为苏联最高苏维埃代表时，就会在吉尔吉斯斯坦加盟共和国选我为代表。可见候选人的选举不存在差额选举法则，这是不言而喻的。

理所当然，俄罗斯也开始加入到"主权国家检阅队列"。于是，助长主权国家独立的情绪，反对融化在苏联里的情绪又获得了新的助推力。各加盟共和国都竭力巩固自己的地位，在本国领土上由自己的管理机构来领导。俄罗斯人表现出极度的不满，因为即使在非黑土地地区、外乌拉尔地区及远东地区大片土地荒芜和国家经济每况愈下的情况下，俄罗斯依然充当各加盟共和国的输血者。

我记得，苏共中央政治局曾经讨论过这个问题。首先，引起大家恐慌的问题是：俄罗斯独立会削弱苏联的力量，威胁苏联的"核心地位"。这的确是个十分现实的威胁。然而，更加现实的威胁却是各加盟共和国急于宣布"主权独立"的情绪，而且这种情绪还破天荒地蔓延到了俄罗斯联邦社会主义共和国。关于是否组建俄罗斯共产党的问题也摆在了面前。除了俄罗斯联邦社会主义共和国，其他所有加盟共和国都成立了自己的共产党，尽管只是形式上的，实际都归苏联共产党领导。俄罗斯之所以没有成立自己的共产党，是因为苏联共产党领导人担心，俄罗斯一旦成立共产党中央，毫无疑问就会与苏共中央平起平坐，甚至还会把后者挤到次要位置。这种担心不是没有根据的。

在苏联时期，党内最大的罪责莫过于提出成立与苏联共产党中央委员会平行的俄罗斯苏维埃联邦社会主义共和国共产党中央委员会。1949—1950年曾经有人就此类问题向苏联共产党和苏维埃领导提出过控告，制造了"列宁格勒事件"。在此之前，类似的案件还有季诺维耶夫和加米涅夫诉讼案。过去那些指责都是莫须有的。而这一次事态正朝着有利于组建俄罗斯联邦共产党的方向发展，使该议题具备了现实意义。它不仅轮廓显现，而且还越来越清晰，甚至还有了组织雏形。事已至此该如何处理？阻挠吧，于事无补，甚至还可能适得其反。在政治局会议上，大多数政治局委员、候补委员和中央书记，包括我在内都投了赞成票，（关于这次会议情况，当时被选为俄罗斯联邦共产党中央第一书记的伊·库·波罗兹科夫曾经作过描述）当然也有反对的，但最终还是赞成的人数居多。中央政治局没有违背多数人的意愿，不过这在客观上纵容了分离主义倾向。当然这也是无奈之举，别无选择。

当时，俄罗斯出现了另外一个中心，就是以鲍里斯·叶利钦为首的中心。鲍里斯·叶利钦试图通过争取俄罗斯主权的方式重返政治中心，起初是在苏联形势日趋不稳的情况下，后来是在苏联解体的情况下重返政治中心。鲍里斯·叶利钦在与俄罗斯联邦社会主义共和国最高苏维埃的斗争中取得了胜利，接着便成为俄罗斯联邦第一位总统。1990年7月12日俄罗斯联邦共和国第一届人民代表会议召开，通过了《俄联邦国家主权宣言》，宣言中规定俄罗斯联邦法律高于苏联的法律。

从这一时刻起，客观地说，国家已经出现了两个中心，这是由俄罗斯联邦在苏联政治经济中的实际地位决定的。我可以举例为证。1991年8月22日午夜，我们从福罗斯返回莫斯科，在机场米哈伊尔·戈尔巴乔夫叫住几个人，其中包括我。他通知说，上午9时他在克里姆林宫等候我们。于是我们几个人紧急集合到一起去参加高层人选讨论会。会上主要讨论一些高级职位的人选问题，首先是国防部和国家安全委员会的领导职务人选。当时目标锁定在了时任苏联武装部队总司令米·阿·莫伊谢耶夫和克格勃副主席列·弗·舍巴尔申两人身上。这两位候选人都与国家紧急状态委员会没有瓜葛，也没有介入戈尔巴乔夫与叶利钦的对抗之中。列·弗·舍巴尔申领导过情报部门，以知识渊博、经验丰富、聪明睿智著称。总而言之，候选人非常合适。于是米哈伊尔·戈尔巴乔夫批准了对他们的任命。但是，仅仅过了一天，我们才弄清事实真相，原来叶利钦已经任命了他人，似乎他没有这个权力，然而，米哈伊尔·戈尔巴乔夫却同意了。

米哈伊尔·戈尔巴乔夫同鲍里斯·叶利钦的私人关系

原本因一些"相互信任的接触"稍有缓和，但此刻却越来越表现出负面影响。由于他们身边具有影响力的人不断煽风点火，两个人的不和睦日趋严重起来。

所有事态的发展都离不开一个大背景，就是能把苏联团结为一个整体的核心力量——苏联共产党的作用在削弱。我敢断言，即使是在 1990 年 3 月 14 日苏联宪法中的第六条被取消之后，苏联共产党依然可以起到这种核心作用。被取消的苏联宪法第六条规定："苏联共产党是苏联社会的领导力量，是苏联政治制度、国家机构和社会团体的核心。"然而，只有把苏联共产党本身的民主化作为确保苏联统一的机制，党才拥有生存下去的必要条件。共产党本身的民主化可以为政见多元化和实行多党制开辟道路。

只有在民主化条件下，苏联共产党才有可能成为苏联全境实行多党制的中坚力量。对于实现该目标我们曾经拥有过非常重要的基础。在戈尔巴乔夫改革时期，党内要求苏联共产党实行民主化的呼声甚高，然而，这种要求却只停留在党的文件里，包括苏共第十九次代表大会的决议文件。要实现党内民主化不能只停留在口头上，而是要落实在行动中。需要为广大的普通党员松绑，废除那些延续了几十年的依靠党的绝对权威来维持党的生活的旧有制度，放弃把党的纪律理解为禁止党员表达未经党的文件或党的领导人"圣洁化"的思想的做法。

影响党内民主化的主要障碍来自党的领导机关。早在斯大林时期，党的领导机关实际上就凌驾于选举产生的党的基层组织之上。曾经在党中央工作30多年的列·阿·奥尼科夫是党内生活的行家里手，他曾这样描述过，"精心选举产生的基层党组织干部往往看不到党内的机密文件，而这些人又是一些贴近群众、平易近人的好干部"。这种领导方式不仅流行于区级党委、市级党委、州级党委，而且还流行于中央委员会。比如说，有一次，在出版者日这一天《真理报》主编阿·马·鲁缅采夫将自己的一篇祝贺性文章上呈党中央，后来收到了来自党中央总书记助理的通知。中央要求他对内容作出重要修改，而且是以机要通讯的方式发出的通知（按照党章规定，中央委员毫无疑问拥有在党中央机关刊物，如《真理报》上发表文章的权利）。这样，阿·马·鲁缅采夫就不得不把已经排好版的文章撤下来，然后给中央写了一封表示不满的信。此后不久，他便被调离《真理报》去科学院工作了。

在戈尔巴乔夫改革时期，苏共中央组织部曾经强迫我这个中央委员接受一份拟提拔到苏联最高苏维埃各委员会领导职位的人员名单（当时我是苏联最高苏维埃联盟院主席）。现实就是这样。

后来，当中央允许就党内事务向全体党员广泛征询意见时，1989年5月隶属于苏共中央委员会的苏联社会科学院搞了一次面对人民群众的问卷调查。调查结果是，三分之一强的被询问者对苏联共产党是否有能力将改革进行到底表示怀疑。73％的党员认为，在党的上层领导机关工作的大多数人素质一般、能力平庸。① 然而恰恰就是这样一些人在掌控党内事务。

党的各级机关的领导们都担心，党内一旦实行民主，他们不仅会丧失发号施令的权力，而且还会丢掉可资利用的特权。于是他们就反对党内实现民主化，进而也反对社会改革。而米哈伊尔·戈尔巴乔夫又害怕触动党内业已形成的旧有机制。唯一革新的地方是，在党的第二十八次代表大会上确定了中央政治局产生的新原则。政治局成员主要由各加盟共和国的共产党领导人担任。显然，这种党的分权制曾被看作是时代的馈赠，其最典型的特征就是各加盟共和国拥有了自主权。不过，这种按照职务原则组建党的最高领导机关的做法削弱了党在国家统一中的作用。

1990 年 1 月苏共制定出《苏联共产党民主化纲领》，这是党内的一项重要改革。然而该纲领似乎根基不稳，不仅在党的领导机关缺乏响应（这不言而喻），而且在广大党员群众中也缺乏支持，因为党员群众暂时还顾及不到自我组织起来。该纲领仅仅存续了不到半年时间便退出了历史舞台，根本就没有达到预期目的。

苏联共产党在失去受宪法保护的社会主导地位之后，就再也无法通过民主道路重塑自己的主导形象了。当时，苏联共产党表现出了丝毫不妥协的态度，不仅与党内那些思想不同但竭力主张改革的力量不妥协，而且与党外那些

---

① 热·尤·博伊科夫（Бойков Ж. Ю.）、茹·托先科（Тощенко Ж.）：《我们正视真相》，1989 年 10 月 16 日，《真理报》。

主张政治多元化的力量也不妥协。党缺失了新的指导行动的思想基础，结果造成了负面影响。这种思想基础不可能用所谓的"带民主面孔的社会主义"这个美妙词语所替代。

党的第二十八次代表大会也就是最后一次代表大会之后，党的组织便开始消融。后来米哈伊尔·戈尔巴乔夫承认自己犯了错误，没能采取果断措施推进党内民主化进程。他拒绝拆分共产党，不允许二三百万的共产党改革派独立出来。

那么外部力量在苏联解体过程中又充当了何种角色呢？我和许多人一样在现实生活中不得不碰到这样的问题：美国是否在竭尽全力地削弱并撼动苏联？其他一些国家是否也怀有类似的叵测之心？然而，这些国家未必真想让苏联这个核大国一下子垮掉，因为这样会威胁世界局势的稳定并使核武器分散到从苏联分离出来的若干独立的共和国领土上。其实，在苏联解体过程中发生这种情况的几率是很大的。由此可见，由于担心出现不良后果，我国的那些敌人才有所收敛。

与此同时，就在苏联苦度经济难关的时刻，西方国家却袖手旁观。正是这种经济困境才迫使苏联后来解体了。1991 年 7 月我作为"夏尔巴人"① 参加了伦敦"七国首脑

---

① 在当时"七国首脑会议"，后来是"八国首脑会议"上，把与会国家元首的助理称做"夏尔巴人"。每个元首可带一名助理。该称谓来自于对当地帮助攀登喜马拉雅山登山队搬运物资或充当向导的人的称呼。

会谈"。当时国家元首各自带着自己的"夏尔巴人"与代表团其他成员分离开来。这样，接下来的讨论内容就不得不由我和我的那些同行们记录了。我觉得，"七国"首脑们的讨论是程序化的，事先安排好的。当然大家相互表现出友善是毫无疑问的。由于签署了战略性进攻武器条约，大家都感到兴高采烈，戈尔巴乔夫和老布什相互表示祝贺。对于苏联面临的困难，双方表示要休戚与共。会谈中大家对戈尔巴乔夫的赞美之词溢于言表，唯独缺少一个话题，就是如何给予苏联广泛的经济援助。显然，美国及其盟友事先根本没有准备讨论这个话题。要知道，多少人期盼着对该议题能进行讨论啊……

在结束关于苏联如何寿终正寝的这一章之前，我想引用杰出的俄罗斯作家亚历山大·伊萨耶维奇·索尔仁尼琴的一段话。人们很难怀疑这位作家会对共产主义抱有好感，会对苏联的极端政策抱有好感。他说："过去我总有一种感觉：苏联的崩溃将是何等令人高兴之事！然而，当等到这种惊心动魄的崩溃来临之时，我却怎么也高兴不起来，一看电视就感到忧心忡忡。"

独联体将举步维艰

　　独立国家联合体（独联体）降生在别洛韦日国家森林度假区。签署独联体协议和解散苏联在同一天——1991年12月8日，是同一批人——俄罗斯联邦、乌克兰和白俄罗斯领导人。独联体成立的目的其实就是为了给苏联解体制造一个文明的形式，同时缓解来自反对废除1922年创建的苏联协议的人士的攻击。独联体协议签署者可以这样作出解释：我们只不过是撤消了苏联，不过，不是找了个替代者——独联体嘛！其实，独联体只是个幌子，其背后隐藏着把苏联这个大国分裂成若干部分的阴谋，即使根据独联体章程，这一点也是不言而喻的。按照该章程，独联体不具有超乎国家之上的全权。早在独联体成立之前，世界上就出现了一系列一体化组织。它们的重要特征恰好就是不否定国家结构的存在。所有一体化措施的形成都不会一蹴而就，而是随着一体化程度的发展其合作空间才逐步扩大。然而，没有一个一体化联盟不否定任何超出国家主权机构存在的必要性，按照事物发展的逻辑也不可能不否定这一点。

苏联的所有加盟共和国都利用了独联体这个幌子，只有立陶宛、拉托维亚和爱沙尼亚除外。其中11个加盟共和国马上戴上了这顶帽子，而格鲁吉亚则晚两年才戴上。2005年土库曼斯坦从独联体常任成员国变为非正式成员国。2008年8月战争以后，格鲁吉亚退出了独联体。

独立国家联合体诞生之时恰逢这样一个时代：一体化成为了现阶段全球化的一个合乎规律的趋势。不管独联体发起人出于何种动机，无论如何他们也规避不掉一体化问题。事情绝不仅仅因为国外有此先例这么简单。在某种程度上，独联体参与国本身的、内部的、客观的各种利益把它们推向了一体化。这种利益是盘根错节、根深蒂固的，因为它们不是来自不同的国家，而是来自同一个国家——苏联。下面我列举一些独联体成立之初的一两年间成员国首脑峰会提出的问题和达成的协议：组建协调机构（国家元首和政府首脑委员会）；成立独联体武装力量最高指挥机构；组建旨在讨论跨国法律问题的独联体议会机构；保留卢布流通区域；成立联席经济法院；组建共同防空体系；在俄罗斯中央银行领导下实行统一货币政策协议等等。

但是，当上述相关文件未能得到个别独联体国家签署时，其他已经签署了的国家又宣布签字无效或根本就不执行。独联体的一体化进程只是空转了一场。早在成立之初，独联体就提出组建经济合作中央委员会问题，然而却无果而终。与此同时，亚美尼亚、白俄罗斯、哈萨克斯坦、吉尔吉斯斯坦、摩尔多瓦、俄罗斯和乌兹别克斯坦首脑签署的其他协议也未能得到执行，如关于把卢布作为统一货币的协议和组建统一的中央银行的原则协议。没有签署独联体章程的国家有乌克兰、摩尔多瓦和土库曼斯坦。这些国家认为，该章程赋予独联体机构的权力太大。随着人民阵线执掌阿塞拜疆政权，这个国家便脱离了独联体，之前参加独联体只是与选举了盖达尔·阿利耶夫总统相关联。

在军事领域独联体各方没有就组建共同武装力量计划达成协议，因此撤消了武装力量总司令职位。

独联体接下来的进程似乎是在一个封闭的圈子里运作：费了九牛二虎之力总算达成了某些共识，但总能令人感到在独联体框架内实现一体化是某种客观利益驱使的结果。即便这样，也没有一个协议得到了执行。接下来，它们再一次就同样问题签署协议，然后仍不执行。

我记得，1993 年 9 月独联体国家政府总理们齐聚莫斯科开会，签署了一个组建经济联盟的协议。文件规定，组建统一的经济空间，实行商品、服务和劳动力自由流通，统一协调货币、信贷、税收、海关和对外贸易政策。在该协议上签字的有亚美尼亚、阿塞拜疆、白俄罗斯、哈萨克斯坦、吉尔吉斯斯坦、摩尔多瓦、俄罗斯、塔吉克斯坦和乌兹别克斯坦的总理。格鲁吉亚也签署了经济联盟协议。乌克兰和土库曼斯坦成为该联盟的非正式成员。这样，除波罗的海沿岸三国外，其他所有原苏联的加盟共和国都参加了该经济联盟。遗憾的是，一点落实协议的实际行动都没有出现。

遭遇同样下场的还有 1995—1996 年间俄罗斯、白俄罗斯、哈萨克斯坦、吉尔吉斯斯坦四国签署的关于组建海关联盟的协议。该协议所规定的设想不得不在 15 年后得以激活。15 年后，俄罗斯、白俄罗斯、哈萨克斯坦三国重新签署了相关协议。

我们不能回避这样一个事实：在独联体内实际上形成了两个国家集团，一个是以俄罗斯、白俄罗斯、哈萨克斯坦和吉尔吉斯斯坦为一方的赞同扩大合作领域、主张推动独联体国家一体化的集团，后来塔吉克斯坦也加入进来；另一个是以乌克兰、格鲁吉亚、摩尔多瓦和土库曼斯坦为一方的主张独联体实行有限的形式上合作的集团。例如，乌克兰、摩尔多瓦、土库曼斯坦和乌兹别克斯坦就拒绝了签署组建联席经济法院和共同防空系统的协议。乌克兰、摩尔多瓦和土库曼斯坦也没有参加集体安全协议。该协议已于 1994 年生效。5 年期过后，当需要签署延期协议时，阿塞拜疆、格鲁吉亚和乌兹别克斯坦三国拒绝在协议上签字。

在这样一种情况下，2002 年独联体决定将集体安全条约更改为货真价实的国际机构——集体安全条约组织，并使该组织获得联合国大会观察员地位。参加该组织的最初只有 6 个国家，分别是俄罗斯、白俄罗斯、哈萨克斯坦、亚美尼亚、吉尔吉斯斯坦和塔吉克斯坦。由于国内局势不稳定，加之与美国关系紧张，乌兹别克斯坦后来也加入进来。从形式上看集体安全条约组织有点像北大西洋公约组织，但是它没有组建集体快速反应部队。6个成员国签署了该组织文件，只有乌兹别克斯坦违反了共识，拒绝签字。根据章程，达成共识原则是通过决议的必要条件。2010年12月集体安全条约组织举行了峰会。会上以6票赞成通过了一项决议，赋予该组织保护成员国主权和领土完整的职责，不仅保障成员国免除来自外部的威胁，而且还保障免除来自内部的威胁。不过，乌兹别克斯坦总统伊·卡里莫夫没有签字。时任该组织轮值主席的白俄罗斯总统亚·卢卡申科曾经证实说："所有协议都是全票通过。"接下来他又补充说："如果有一票反对，我们会在双边协商基础上采取行动。"这实际上等于承认了该组织出现了危机。

独联体中各势力范围的泾渭分明导致了下面的结果，反对在独联体框架内采取果断措施推进一体化的一派，甚至决定组织起来，成立"格乌阿摩"联盟，该名称是以加入该联盟的四个国家名称的首字母命名的。毋庸讳言，俄罗斯首脑对此感到十分不满。该联盟的组建是格鲁吉亚、乌克兰、阿塞拜疆和摩尔多瓦总统于1997年在法国斯特拉斯堡市参加欧洲委员会峰会期间达成协议的结果。1999年初乌兹别克斯坦也加入到该联盟。不同凡响的是，这个决定是在美国华盛顿召开北大西洋公约组织纪念性峰会期间宣布的。现在已经是"格乌乌阿摩"五国联盟了。峰会期间，五国首脑通过了一个努力加强与欧洲国家和欧洲—大西洋联盟国家关系的宣言。几年之后，2005年乌兹别克斯坦又退出了该联盟，结果"格乌乌阿摩"联盟又变回到"格乌阿摩"联盟。

还有一点很特别，就是该联盟活动的高峰期恰逢格鲁吉亚和乌克兰发生"颜色革命"阶段。其活跃的方向可以通过成员国领导人的发言判断出来。乌克兰经济部长宣称，独联体的继续发展"很成问题"。格鲁吉亚国防部长也把独联体称作为"昨日黄昏"。2006年2月格鲁吉亚退出了独联体国防部长委员会，理由是争取加入北约。

是什么原因导致在独联体框架内实现一体化连遭失败？其中的问题很多，不仅有独联体各成员国社会经济发展不平衡问题——这类客观障碍在其他一些一体化联盟中得到了克服，而且还有各成员国首脑对如何推进政治经济改革的态度不同的问题，以及这些国家独立后民族主义倾向有所抬头等问题。显然，一些独联体成员国在很大程度上担心，人口最多，经济、科技和军事实力最强的俄罗斯加入到独联体，这会导致它称霸并挤占其他成员国的利益。在这方面我们也不能说，俄罗斯在独联体发展过程中所采取的行动都无懈可击。在许多情况下，我们还缺乏与独联体成员国平等相处的必要认识，甚至经常会认为这些成员国并非总是正确的。还有一个问题，就是在处理独联体内国与国之间关系时，我们往往考虑利益层面的问题较多，当然这无可厚非，但却把一体化任务放到了次要地位。有时还会出现这种情况：俄罗斯的一些主管部门根本不理解俄罗斯领导的总政治路线而擅自作出主张。

独联体的一体化进程还没等走到最后就半路搁浅了，受阻的原因是：后苏联时代的空间被国外扩张势力所觊觎和侵占。美国对所谓"颜色革命"的胜利乐不可支，而且其驻基辅和第比利斯的大使馆毫不掩饰地积极参与其中。美国国会还向其他独联体国家公开推广"新式民主"的经验（美国国务院将下列国家归入此范围：格鲁吉亚、尤先科任总统的乌克兰和摩尔多瓦）。[①] 在后苏联时代的空间里还频繁出现欧洲国家和土耳其的身影。与此同时，罗马尼亚试图将摩尔多瓦并入自己的势力范围，这已经是公开的秘密。安卡拉曾经炮制出一个由它领导的突厥语国家联盟方案。与此同时，这些国家还有其他一些国家都想借独联体国家的民族主义情绪说事。

应当补充一点，独联体一体化发展过程不顺利的原因还有一个，就是在独联体框架内尚没有成功解决苏联时期遗留下来的种族冲突的案例。不论是纳格尔诺—卡拉巴赫地区冲突，还是格鲁吉亚—阿布哈兹冲突，或者是第聂伯河沿岸冲突，以及吉尔吉斯斯坦和乌兹别克斯坦的冲突，尽管俄罗斯为此作出了非同寻常的努力，但却无果而终。

在独联体大地上一些种族冲突已经演变为熊熊战火，而且还具有国家间冲突性质。

好在俄罗斯彻底扭转了塔吉克斯坦内部冲突局面。在该国内战期间，叶利钦曾责成我，当时我任俄罗斯联邦对

---

① 见《战略计划：2007—2012 财年》美国国务院，美国国际开发署，第48页。

外情报局局长，在阿富汗和伊朗举行一系列秘密会谈。当时塔吉克斯坦伊斯兰复兴运动组织的恐怖分子就躲藏在阿富汗。这是一个宗教组织，坚决反对以拉赫曼诺夫总统为首的政权。在阿富汗和伊朗都有该组织领导人。在喀布尔我会见了叛军首领努里。在德黑兰我与伊朗外交部长韦拉亚提和总统拉夫桑贾尼的会谈具有非常积极的意义。由于俄伊两国对此事的共同关注，结果冲突双方达成了协议，表示共同努力恢复塔吉克斯坦的稳定。这次会见为拉赫曼诺夫总统与反对派领导人努里和图拉忠佐达就组织联合政府举行谈判创造了条件。在塔吉克斯坦联合政府中，30%的部长席位让给了反对派塔吉克斯坦伊斯兰复兴运动组织。国内战争就此结束。近年来，在塔吉克斯坦官方出版物中对俄罗斯在调解其内部冲突中所起的作用几乎只字不提。但是，该事件的亲历者对俄罗斯的调解作用还是记忆犹新的，当然不仅仅是我，还有其他许多人。

在第聂伯河沿岸冲突中俄罗斯还是作出过一些努力的。我们成功说服了冲突双方——基什尼奥夫和蒂拉斯波尔——坐到谈判桌前签署协议。遗憾的是，协议虽然签订，但未能执行。接下来，我们又作出第二次努力，试图促成双方和解。本来俄罗斯联邦副总理德·尼·科扎克已经与各方谈妥，但在马上就要签署协议之前基什尼奥夫方面反悔了。显然，是西方国家给它施加了压力。此外，莫斯科还不止一次地试图弥合亚美尼亚与阿塞拜疆之间在卡拉巴赫地区的裂痕，但都无果而终。这里我想单独谈谈俄罗斯在成功制止格鲁吉亚与阿布哈兹流血事件并调节双方关系中的作为。当时我任俄罗斯外交部长，考虑到苏呼米不愿意与第比利斯就格鲁吉亚领土完整问题签署协议，于是我提出一个解决问题路线图："双方同意在一个国家框架内共同生活，以1991年1月1日格鲁吉亚加盟共和国边界为准。"经过几个小时的谈判，我说服了阿布哈兹的阿尔津巴总统接受这个方案。这位总统曾经是在我领导下的苏联科学院东方研究所的研究员。很自然，这里谈的是共同国家，而非统一国家。这便为建立联邦制打开了通路。实行联邦制可以确保阿布哈兹的广泛权利。我还成功地说服了阿尔津巴总统乘坐我的飞机前往第比利斯，并承诺俄罗斯会保证他的安全。当时，我与格鲁吉亚总统爱德华·谢瓦尔德纳泽通过电话，获得了对方给予他安全保证的承诺。非常遗憾，后来格鲁吉亚拒绝签署这个协议。我想，现在很多人都会对此感到惋惜的。

在独联体内离心倾向有所蔓延情况下，那些主张在后苏联时代的空间里实现一体化的国家都奉行这样一个方针：不是在整个独联体内实现一体化，而是在其中"五国"之间实现一体化。根据努·阿·纳扎尔巴耶夫的建议，白俄罗斯、哈萨克斯坦、吉尔吉斯斯坦、俄罗斯和塔吉克斯坦在2000年组建了一个亚欧经济共同体，主要目的是建立自由贸易区，实行关税联盟，形成使用统一货币的统一经济空间。一系列指标表明，这已经是具有相当程度的一体化集团。2007年10月6日俄罗斯、白俄罗斯和哈萨克斯坦签订了组建统一关税区和关税联盟条约。为了防止条约只停留在纸面上，三国还成立了跨国机构——关税联盟委员会。2009 年俄白哈三国又达成协议，把关税联盟发展成为统一经济空间，并确定在 2011 年 7 月 1 日前将相关文件准备好。由此可见，这里还有大量的具体事项需要落实。但是，三国协议能否得到落实，我们将拭目以待。

从独联体的坎坷命运中，从它经历过的所有事件的曲折进程和转折中，我们可以得出哪些结论呢？

第一个结论：**在整个独联体框架内**一体化后续阶段的目标近期无法实现。在这种情况下不要指望不同进度的一体化目标会实现。在这方面我们通常以欧盟为例。在欧盟里，不同进度的一体化目标表现在个别国家不接受欧盟的某些共同协议方面。例如，英国没有加入货币联盟，也没有签署统一签证制度的申根协定。不过，个别国家不接受深入发展经济一体化、扩大政治和军事一体化方案，并没有导致这些国家产生脱离欧盟或接近其他联盟的想法。欧盟的不同进度一体化目标的实现，依靠的是全体成员国都接受的追求过程最终结果的理念——将国家的许多功能，国家的主要功能除外，都转到超国家层面上来。

可独联体与欧盟的情况却大相径庭。实际上，独联体缺乏向事先确定的具体目标迈进的实际行动。显然，在错综复杂的局势下，独联体确定的目标不可能被大多数成员国所接受。就经济实力而言，俄罗斯强于其他成员国，但它已不再是这些成员国经济发展的唯一源泉，对个别成员国而言不再是赖以生存的源泉。欧盟、美国、中国和经济规模不大的土耳其都跃跃欲试，想成为这样的源泉。这种充当源泉的愿望在独联体一些国家中可以找到肥沃土壤。

不应该忽视这样一点，对许多独联体国家而言俄罗斯并非在所有方面都无懈可击。俄罗斯的贫富差距为 17 倍，而哈萨克斯坦为 5.3 倍，白俄罗斯不到 5 倍，乌克兰接近 9 倍。俄罗斯不仅在居民收入差别方面逊色于独联体其他国家，而且在居民平均寿命方面也落在后面。[①] 所有这些可能会、实际上也正在影响着这些国家居民的情绪。我听说，有几位专家不同意这种结论，并提出论据来：那为何还会出现向俄罗斯的移民潮呢？问题在于，绝大多数的外籍工人，也就是向俄罗斯移民的人往往不是来自国内生产总值增长率超过 2.5% 的独联体国家，而是来自塔吉克斯坦、摩尔多瓦和吉尔吉斯这样的国家。另外，许多到俄罗斯找工作的人大都来自乌克兰。不过，根据世界银行统计，前往俄罗斯的移民人数同从俄罗斯向外流出的劳动力人数大体相等。俄罗斯是乌克兰劳动力的主要供给国。[②]

第二个结论：在整个独联体框架内一体化后续阶段的目标近期无法实现，这并不意味着俄罗斯与周边国家不能合作。问题不仅取决于俄罗斯是否愿意与原苏联各加盟共和国密切合作，还取决于这些国家是否有此重要的意愿。

[①] 哈萨克斯坦除外。俄罗斯联邦会计商会援引独联体统计委员会和俄罗斯统计局资料。(见《独立报》，2010 年 11 月 11 日)

[②] 见《移民与汇款：2011 年统计报告》//www.vorldbank.org

在现阶段，这种意愿可以为俄罗斯与独联体其他国家发展双边关系找到出路。显而易见，正如一些专家指出的那样，发展双边合作关系不应当与在独联体框架内保留一体化平台的方针相对立。

第三个结论：要保留一体化平台，最理想方案就是以俄罗斯、白俄罗斯和哈萨克斯坦三国经济一体化为依托，因为在它们的国土上集中了原苏联83%的经济实力。

要使该经济一体化顺利向前发展，就必须吸引其他国家加入进来，至少要有独联体其他几个成员国加入。如果这种联盟成果显现，就有理由认为，独联体其他国家不会消极旁观海关联盟和一体化经济所带来的好处，就会想在独联体一体化过程中分到一杯羹。对美好前景的展望会成为他们不应当拒绝独联体这种非常态化组织的重要理由之一。

当然这不是唯一的理由。毫无疑问，独联体成员国对于协调移民政策、发展统一交通运输网络、加强文化合作、预防和打击犯罪等方面都会表现出兴趣。但是，以目前情况看，这些方面还不足以支撑独联体的投资环境。

较低级的一体化阶段——建立自由贸易区可以起到维系独联体的作用。所有独联体成员国无一例外地都可以参加自由贸易区。也可以把具有诱惑力的美好前景展示给格鲁吉亚。在一体化的台阶中，自由贸易区要比关税联盟低一个级别，因为关税联盟具有超国家机构，可以决定针对所有独联体成员国的统一关税政策，包括没有加入关税联盟的国家。对于自由贸易区而言，就没有这些要求。每个国家都保留自己独立决定对他国贸易政策的权力。自由贸易区成员国依然保留海关边境并设立海关关卡，以监控商品的原产地。

一些专家学者建议，不要把后苏联时期的空间分割成不同的小集团和双边的格式化组织，这会忽视独联体发展的现实。只有当这种"分割"对一体化空间的维护成为必须时才可以做。

现在，独联体的一体化模式显然应该是这样一种：愿意在一定期限内组建成关税联盟并将其发展为统一经济空间的三个国家可以作为一体化的火车头，然后再将该范围扩展到其他已经加入到自由贸易区的国家，甚至可以将合作扩展到其他领域，如打击犯罪、文化交流、交通运输等。

发展双边关系应当成为上述一体化模式的有机组成部分。积极推进双边合作是互利双赢的过程。况且，这种双赢在经济领域所依托的基础暂时还没有遭到破坏——原苏联各加盟共和国仍然与俄罗斯保持着一丝合作联系，保持着对俄罗斯技术和管理的惯性依赖。俄罗斯与独联体其他国家发展双边关系，可以相互促进生产水平的提高，弥补独联体一体化过程中的不足。

第四个结论："金三角"一体化的成功具有特殊意义。如果俄罗斯—白俄罗斯联盟关系和缓下来，"金三角"一体化就会变成现实。不能在口头上，而必须在行动上推进俄-白两个国家的联盟。目前，两国联盟的思想被淹没在无休止的关于两国经济状况的讨论中。那些对此不屑一顾或有意为之的人必须要承担巨大的历史责任。很显然，用史无前例、肆无忌惮的方式处理联盟各方的关系，用鼓动性语言攻击某些领导人，婉转地说，这无助于联盟思想的坚持。从字面理解，这种联盟关系具有战略性质。为了成功实现联盟，必须杜绝下面一些极端思想：认为白俄罗斯加入俄罗斯不过是一两个省加入了俄罗斯，或者迫使联盟的一方不得不接受另一方开出的条件，诸如如何解决直接补偿问题和其他关系到切身利益的问题等。我们有必要寻找一种不会导致这种结果的机制。

第五个结论：中国对独联体内亚洲地区成员国的影响越来越大。2001 年由中国、俄罗斯、哈萨克斯坦、塔吉克斯坦、吉尔吉斯、乌兹别克斯坦成立的上海合作组织已经成为现实。俄罗斯把该组织看作是反对恐怖主义、打击极端势力和阻断毒品走私渠道的平台，而中国更看重上海合作组织在经济层面的作用，并认为把该组织发展成为自由贸易区是一个重要目标，而经济战略将成为该组织的主要路线。在俄罗斯对外政策中，与中国的关系具有最优先地位。双边联系应主要致力于俄中关系的深入发展，包括经济领域的紧密合作。作为一个有助于确保地区安全和稳定的重要组织，上海合作组织的巩固发展，不仅与独联体一体化模式的落实没有丝毫冲突，而且还有赖于此。这种一体化模式包括建立独联体自由贸易区、集体安全条约组织和亚欧经济共同体。俄罗斯必须在这方面加大关注力度，因为独联体与另一个一体化组织——欧盟为邻。

俄罗斯：必须转变经济模式

重新审视行政命令体制向市场经济体制转轨过程中形成的现有经济模式，对于俄罗斯来说恐怕是最为重要的任务了。

2008 年的经济危机迫使许多人睁大双眼关注我们的经济模式。陷入经济危机泥潭的俄罗斯是这样一种国家：国内生产总值的 40% 依靠原料出口获得，外债高达 5000 亿美元——实际上俄罗斯企业以贷款方式获得的"长线"资金基本上都来自国外贷款。毫无办法，因为俄罗斯的银行体系与西方的银行体系相比，不论在提供长期贷款方面，还是在贷款利息方面都完全没有竞争力。5000 亿美元相当于同期我国黄金储备的总值。

俄罗斯财政部曾经自豪地说，仅靠石油出口获得的利润就可以抵补 900 亿美元的外债。这本身确实是一个成绩。然而，出口石油获得的超出该偿付数额的收入则被存入稳定基金。与许多经济学家（包括俄罗斯科学院各经济研究所专家在内）意见相左的做法是，这些资金既没有用于消除过分依赖世界原料价格行情的机制，也没有用于发展市场基础设施。遗憾的是，弗拉基米尔·普京总统曾经坚持的将稳定基金拆分为储备基金和国民福利基金的做法没能从根本上扭转局面。看来政府的金融专家用下面的借口说服了总统，即将原料出口获得的大量资金用于投资会引发剧烈的通货膨胀。与此同时，令人难以置信的是，他们认为，投资，特别是对俄罗斯急需的公路建设的投资也会使通货膨胀加剧。然而，客观事实却否定了这些财政专家们的无端恐慌。2005—2010 年政府向遭遇困难的市政工程企业投入了大量资金，结果并没有加剧通货膨胀。可见俄罗斯的通货膨胀并不具有货币主义性质。2010—2011 年政府在国家预算赤字情况下依然加大了对公路基础设施的投资力度，同样也没有造成预先估计的灾难性通货膨胀的后果。

　　遗憾的是，通货膨胀在俄罗斯是家常便饭，不管是在经济增长时期还是在经济危机时期变化都不大，差别只在于通货膨胀率有所不同。防止通货膨胀像脱缰的野马失去控制的努力，毫无疑问会受到赞扬，特别是在物价明显上涨可以说是看得见摸得着的情况下。用著名专家尼古拉·瓦尔杜尔的话表述就是："涨价具有更大的社会挑衅性。"[①] 涨价的一个主要原因就是垄断控制。它决定着我国经济结构的性质并导致价格的不合理上涨。

　　俄罗斯带着沉重的"包袱"走进经济危机。该包袱影

---

　　① 《剖面》杂志，2011 年 10 月 24 日，第 32 页。

响到国家陷入危机的规模（在 20 国集团中处境比较差）和走出经济危机的时间。需要强调一点，俄罗斯靠国际石油价格高起所积攒的"厚实储备"，也只能支撑国家财政平衡半年时间。俄罗斯的加工工业，特别是机械制造领域的生产在 2008 年底出现巨大滑坡。如果没有储备基金的话，情况会更加糟糕。事实上，俄罗斯靠石油出口积攒的资金没能使自己躲过全球经济危机的沉重打击。

在经济危机之前，俄罗斯经济模式的最大缺陷是长期投资不足。总投资量还不到国内生产总值的 20%。用阿·列·库德林的话说，就是"要推动经济迅速增长，这点投入简直就是杯水车薪。"然而，这里的问题并不在于"经济是否迅速增长"。投资不足使我国不仅陷入到令人无法容忍的依赖国外资本的泥潭，而且还陷入到依赖进口消费品和机器设备的泥潭。每年俄罗斯企业购买国产机床的数量还不到机床购买总量的1%。由此可见，我国新型机械设备的生产量仅是日本的八十分之一，中国的三十分之一，这就不足为怪了。

阿·格·阿甘别吉扬院士的论断是正确的："没有全面投资就不可能解决经济结构现代化问题。在国家出口中，燃料和原材料比重希望能从90%降到50%，相应地把制成品出口比重从10%提高到50%，其中高科技产品和服务的出口比重从2%（在世界排名70位）上升到15－20%。"①

———————

① 《俄罗斯商业报》，2010 年 12 月 14 日。

财政部能为解决这个问题绞尽脑汁吗？它至今还在为自己合理安排靠国际市场高油价获得的资金而感到沾沾自喜，为投资国外有价证券可获得3%收益而无比自豪。

为获得投资、技术和信息而展开竞争，这是二十一世纪经济斗争的基石。我们暂时输掉了这场斗争，尽管可以断言：俄罗斯投资的总体环境已有所改观，外债不多，财政状况相对良好。我国的法律，包括民法基本上符合现代国际标准。我们的所得税、土地税和财产税都比较低；我们拥有廉价的具备高职业素养的工程技术队伍；我们的自然资源丰富；最后还有，我们的法律可以保护资本和利润自由汇出国外。

然而，一系列尚待解决的问题又使这些引以自豪的优点稍显贬值。其实，在诸多问题中最主要的也是最令人恐惧的问题是腐败。腐败现象无处不在，不论是在政府采购和国有资产拍卖中，还是在检察机关无根据索赔的冒险行为中，或是在国家公务员在"关照"潜在投资竞标公司进行暗箱操作上。外国投资者在俄罗斯经常会遭遇到这样的情况：要想实现投资，首先必须获得几十份许可，特别是在新项目上马和旧项目改造过程中此风尤其盛行。这对于腐败的蔓延起到了推波助澜的作用。

由于缺乏税收优惠政策，特别是针对高新技术领域的投资者，俄罗斯的投资环境始终不佳。在其他国家，比如中国和欧洲一些小国家，对于创新者在税收和基础设施建设方面的扶持力度特别大。而俄罗斯却是另外一番景象：

电价不断高涨，新投资项目与工程管网和生命保障系统的连接费用昂贵，俄罗斯银行贷款利息居高不下。这些支出与国外投资成本相比较费用高出 5—10 倍。遗憾的是，在俄罗斯这种不利因素的详单还可以继续开列下去。所有这些都证明了一点：我们应该从根本上改善俄罗斯的投资环境。

我不能绕开一个尖锐的问题：与其起诉个别企业不纳税并在法庭上胜诉，不如在争取国际投资和创建新企业的竞争中取得胜利。后者重要得多。

目前，在俄罗斯围绕着肯定还是否定经济危机之前的经济模式问题矛盾凸显，这完全合乎逻辑。2010 年 11 月俄罗斯经济发展部部长埃·萨·纳比乌琳娜在日内瓦与几位俄罗斯记者进行了非正式谈话。与俄罗斯财政部长不同的是，她认为俄罗斯最重要的问题不是预算赤字（预算风险是已知的，但可控），而是投资需求。她的观点是对的。接着她又补充说："由于缺乏税收体系的刺激作用，投资依然会流向能源和与消费相关的部门，也就是说，流向资金回收快的部门。而我们却需要向高新技术领域进行'智力投资'，否则，俄罗斯在任何时候都不会实现现代化。"①

由于采取了反危机措施，俄罗斯成功避免了一场社会危机和大动荡。这种结局异常重要。但是，它不能证明危机前并存续至今的经济模式是合理的。2010 年 4 月俄罗斯

① 《俄罗斯报》，2010 年 11 月 25 日。

统计局首次发表 1992—2008 年俄罗斯国情综合报告。实际上这是对俄罗斯经济危机前 16 年经济改革的总结。显然，应该深度思考的问题不仅是成绩和收获，而且还有负面的不尽如人意的地方。诸如俄罗斯的人口减少了 600 万；在居民生活水平普遍提高的情况下人们的收入差距越拉越大；10% 最富有的人和最贫困的人之间的收入差距扩大了一倍，达到了 17 倍（根据专家分析，该系数有些过高）；学前教育机构几乎减少了一半；国家公务员数量增加了 70%。2011 年初，德米特里·梅德韦杰夫总统签署了一项命令，将公务员人数裁减 20%。该命令可使情况有所改善，但会有很大改善吗？1992—2008 年俄罗斯的科研机构减少了 40%，科研人员数量减少了 50%（与此同时，学位论文答辩量却增加了 3 倍）。企业固定资产的损耗整体上从 7.5% 上升到 13.5%。俄罗斯已经彻底坐到了原材料这个针毡上了。

从上述各项指标中可以得出显而易见的结论：再不能回到经济危机前所实施的政策上面去了。之所以不能回到以前的政策上，是因为经济危机之前的模式，即使是在原材料出口价格高涨、国内生产总值高速增长、居民生活水平不断提高的情况下，也不能解决转变俄罗斯经济结构和技术创新问题。而这个任务今天尖锐地摆在了我们面前。

一些发达国家和发展中国家借助摆脱经济危机之时实施经济转型，向技术型经济模式转变。上个世纪 20 年代，俄罗斯杰出的经济学家尼·德·孔德拉季耶夫就发现了这个规律。他是关于市场经济发展要通过周期为40—50年若干"长波浪"阶段理论的创始人。每一个处在下落阶段的波浪都通过危机阶段转变成新的上升波浪。许多专家认为，发达国家在走出这次经济危机的同时开始向第六种技术类型结构过渡。我不知道，美国、加拿大、西欧各国、日本、韩国，以及中国和印度是否赞同孔德拉季耶夫的理论，但是这些国家在这次经济危机中都加大了对教育和卫生的投入。

2010年美国通过的一项新法律具有示范意义。从国家预算中拨款300亿美元用于给小企业贷款。巴拉克·奥巴马总统把这个法律定性为是反危机的一个重要举措。该法律可以创造出50万个就业岗位。在具有反危机性质的法律框架内，对小企业科研投入费用的免税政策将继续延长，这极具象征意义。对于2010年9月至2011年10月底购买的新设备免于征税。

2011年巴拉克·奥巴马总统首先倡议，向那些制造高新技术设备的中小企业提供帮助。该项政策将在国有与私营企业合作基础上实施。资金主要来自大公司，这些公司同时负责引领那些"刚刚起步的"努力把科研成果和发明专利转化为商品的中小企业。这些中小企业可以确保获得追加资金和咨询服务。国家方面可以完全免除小企业的利润所得税，附加条件是，企业将节约下来的资金在5年内用于发展生产的再投资。美国政府甚至还打算改革专利政策，简化将发明成果转化为规模生产的手续。

所有上述情况的发生都离不开这样一个条件，就是当市场竞争和博弈能够推动美国企业不断完善自己工艺技术的时候。我国的情况则完全是另外一个样子。我们的企业，包括大型企业在内，花费在科研和实验设计方面的费用少得可怜。每年俄罗斯投入到科研和实验设计方面的费用仅仅占到国内生产总值的1%，而美国的投入是2.7%，日本、瑞典和以色列大约在3.5—4.5%之间。

可见，俄罗斯的当务之急是刺激企业家们把生产转到创新轨道上来。国家以各种方式直接扶持国内企业，完全取决于该企业是否从事创新活动。但是，国家扶持企业的主要方式应该是创造一种自由竞争的环境，推动企业家对生产工艺技术进行革新。在所有重要措施中最关键的是反垄断措施。但是，不管这些措施本身如何重要，都不足以在俄罗斯创造出市场竞争环境。缺乏竞争是对劳动生产力提高最直接的负面影响。因此，俄罗斯生产企业缺乏竞争力不仅表现在国际市场，而且还表现在国内市场。

最近，在俄罗斯国内人们对组建大型国有企业集团提出了中肯的批评。建立这些企业集团确有必要，比如说在一些欠景气领域，如飞机制造和造船行业等。但是在大多数情况下，这些企业集团却被人为地与市场隔绝开来。国家财富不通过任何招标就被转移到这些集团公司名下。个别国企还游离在国家财务监督之外。相当多的国有生产企业效率低下，这个客观事实向我们提出了一个尖锐问题：需要把市场经济的法规覆盖到国企的所有经营活动，不这样，俄罗斯就无法建立起市场经济的竞争环境。

不从根本上扭转各级政府官员为某些企业，大多为大型企业的利益而进行院外游说的局面，就无法创造良好的竞争环境。遗憾的是，我们对此并没有给予应有的重视。不把政府官员与商人的利益链条斩断，就无法真正展开反腐败斗争。

大型国有企业和国有银行通过证券化方式使大部分资产实现私有化，这个问题尖锐地摆在了我们面前。问题涉及到900家国有企业的私有化。实行私有化的股份数额恰好是1.8万亿卢布。股份将分到何人手里，这不仅是个经济问题，而且还是个政治问题。实际上，获得这些股份的人基本上都是国家机关工作人员，尽管不是直接而是间接获得。以这种方式获得股份会产生官僚主义滋生的温床，会破坏民主化进程。

"三方对话"公司董事会主席鲁·卡·瓦尔达尼扬对现实作出了如此悲观但却是正确的评价："在庞大官僚机构的映衬之下，我们的社会法规显得过于弱小，而且越来越弱，因此人际关系已经凸显为首要问题。事实上，这不仅关乎商业活动，而且还关乎生产经营活动的成败。"[1]

2011年3月30日在俄罗斯现代化委员会会议上，德米特里·梅德韦杰夫总统布置一系列任务时强调说，政府副总理和各部部长必须离开国企和国家控股企业董事会。总

---

[1] 《公报》，2010年9月30日。

统助理阿·弗·德沃尔科维奇受总统委托制定了详细的实施方案。他指出，这里涉及到专管部门的政府官员和在竞争环境下运作的公司。早在 2008 年初竞选总统期间，德米特里·梅德韦杰夫就首次提出将政府官员从国家控股公司董事会中彻底清除出去的思想。再早一些时候，2004 年国营企业独立董事问题就被列入到行政改革内容中。与此同时，2010 年在国营企业中本该留给一个经理人或专家的独立董事位置却坐着两位政府官员。至于总统新布置的任务到底能执行到什么程度，只能拭目以待。很显然，新建议并没有排除下面一种可能性：用部长替代副部长来担任国营企业董事会独立董事。如果这样的话，现状就不会有多大改变。

毫无疑问，我们必须改变国营企业的现状和政府官员为个别企业利益进行院外游说的现象，但是，这决不意味着使国家滑向新自由主义方向，即把国家排除在经济活动调控之外。目前，以市场为主导的国家所采取的反危机措施又一次证明，新自由主义观点是有缺陷的。

俄罗斯不仅需要促进生产，而且还需要促进高新技术产品的应用。在这方面不能停滞不前、半途而废。比如说，众所周知，在我国将不断老化的生产型固定资产（包括有形老化和无形老化）进行更新具有何等重要意义。为此，政府对于国内不生产的高新技术设备的进口关税进行了"削零"处理，并免掉了增值税。与此同时，根据俄罗斯工商会统计，在进口设备中只有 13% 的设备符合当今先进技术要求。企业家们往往喜欢购买廉价的但无形资产已经老化或正在老化的产品。这样就为我们在新一轮技术周期中仍然处于落后地位埋下了隐患。显然，这与实现经济现代化目标背道而驰。

在这里，我想引用俄罗斯国家杜马经济政策与企业经营委员会主席叶·阿·费奥多罗夫的一段话，并赞成他的观点。他说："俄罗斯工业期待着从**根本**上（重点号是我加的。——作者注）实现转型并实行多种经营。转型的结果应当是，用中型企业或者小型企业和新型企业来替代上个世纪建立起来的大型重工业企业。当然同时还伴随着一批新生代企业家的出现。俄罗斯工业正期待着企业家队伍的全面更新……从重工业类型向后工业化类型（服务和高新技术）转变是一个必然的进程。"① 我只想补充一点，这种转型是一个复杂的过程，因为俄罗斯所要追赶的那些后工业化类型国家不会停滞不前、原地踏步，它们正从全球经济危机中走出来并向新型经济结构类型迈进。

对于俄罗斯而言，客观上需要进行一次工业发展的革命性飞跃。正是这种客观需要使得一系列尚未解决的问题被列到了首要位置。

其中一个重要问题是，完善科研机构体系、促进高新技术研发。俄罗斯科学院在科研机构体系中具有特殊地位，它是基础研究的主要中心。世界上的经验告诉我们，基础

---

① 《生意人·货币》杂志，2010 年 11 月 1 日，第 43 期。

研究的经费通常都是由政府提供。与此同时，其他科研机构绝大多数都是搞应用研究的。这些科研单位是俄罗斯高新技术研发的重要储备力量。遗憾的是，我国这些科研机构未能得到有效利用。

我举个例子。早在2005年上半年，俄罗斯科学院以西伯利亚分院六家科研所为基础组建了一个极具竞争力的商业应用数据处理中心。但是，由于缺乏国家支持，该商用数据处理中心运转得不尽如人意，既没能发展壮大，也没能自我完善。其中原因之一就是，财政部拒绝为科学院的这些研究所提供贷款。理由很简单：这些研究所属于事业单位。结果，外国的工业公司成为了这些研究所高新技术产品的主要买家。它们的知识产权大都落入到这些外国企业手里。例如，以格·伊·布德克尔名字命名的核物理研究所就把技术卖给了中国、韩国和日本。这些国家把买来的新技术应用于医疗、辐照电缆和热缩产品等生产领域。

该研究所所长、杰出的物理学家亚·尼·斯克林斯基院士曾经多次提出这样的问题：必须确保研究所研制出的先进的、高科技含量的技术成果首先在国内企业得到应用。早在2006年5月，亚·尼·斯克林斯基院士就在一份呈送给政府的报告中写到："科学院大多数研究所的主要研究方向是基础性研究，而其科研成果的应用又往往是非基础性领域。因此便产生了这样一种需求：组建一种综合机构，在科研人员的直接参与下统筹科学技术研究、法律鉴定、市场营销、经济财务核算等项工作，并同时解决与高新技术应用相关联的投资项目的筹备与实施问题。"他的这个号召至今仍然具有百分之百的现实意义。

我们借鉴美国组建高新技术推广网络的经验是完全正确的。但是，在借鉴这些经验的时候，我们往往只停留在形式上。每当我们以美国为例时，就认为，在美国大学里成立了许多小型风险投资公司，这个经验对我们十分重要，但却忽视了连美国学者都承认的我们自己的优势，比如拥有科学院及其分布广泛的众多研究所资源。当然，在俄罗斯不论是科学院还是高等院校自身都有待于不断完善。不过我认为，不应该把科研的重心压在高等院校肩上。现实中，必须最大限度地利用科学院的力量，同时也要利用高等院校的科研力量，才能把俄罗斯经济过渡到新技术结构的平台上。

关于这一点，我们再谈谈俄罗斯创建类似美国西部地区硅谷的问题。在硅谷形成之前，美国科技集约型产品生产基地主要分布在波士顿环城路周边地区。从该环城路的任何一点到麻省理工学院或者哈佛大学都只有半个小时车程。美国的硅谷并非创建在空地上，而是产生在加利福尼亚州的一个集中了美国一些主要大学和科研机构的区域里。从硅谷到达这些科研机构仅需要一个小时车程。该区域还有一个特点，就是这里聚集了大量高新技术企业，而且大多与电脑、移动通讯设备、生物工程等产业相关。在我国类似美国硅谷的地方是斯科尔科沃市。俄罗斯的硅谷没有建在兹韦尼哥罗德、杜布纳、切尔诺戈罗弗卡、新西伯利亚、托木斯克、叶卡捷琳堡和喀山等城市，而是建在了斯科尔科沃市。总统责成有关部门尽快"制定出创建科研成果研发和商业化运作的**地理上独立的中心**（重点号是我加的。——作者注）的法规体系，其中包括税收政策、海关关税调节政策、行政管理法规（包括移民管理法规）。"①

总体看来，还需要考虑一个问题，就是如何才能把外国专家吸引到斯科尔科沃市来，特别是把我国那些留学或移民国外的学者吸引到这个地理上独立的地方来。这种认识是否绝对正确呢？可以说这绝对不符合实际。这种认识等同于推论说，因为"人才都流失"掉了，所以那些依然守候在俄罗斯国内的学者似乎已经失去了原有价值。这种认识还会导致危害更大的推论：依靠为海外学者而不是为所有学者建造的可以与国外物质生活条件相媲美的环境就可以把这些海外学者——理论学者和实验专家吸引回国。事实上建造这种环境的资金还十分匮乏，仅够满足创建物质生活条件。其实，《斯科尔科沃方案》主要内容是建设一座新城，在未来的 3 年间需要投入的资金不多不少正好是30 亿美元。我们觉得，这笔资金如果投入到现有的高新技术研发中心会大获成功的。

1992 年以来，从俄罗斯移民到国外的专家学者超过300 万人。在这股大规模"人才流失"浪潮中，西方主要国家和一些东南亚国家的技术移民政策发挥了特殊作用。

---

① 见俄罗斯联邦总统委员会 2010 年 3 月 23 日召开的关于俄罗斯经济现代化和经济技术发展会议归纳出的总统委托办理的事务清单。

这些国家不是一般地召唤才华横溢的外国学者，而是去搜寻，为此它们还制定出专门计划。目前，在美国长期工作的俄罗斯学者就有 90 万人，在以色列有 15 万人，在加拿大有 10 万人，在德国有 8 万人，在英国有 3.5 万人，在中国有 2.5 万人，在日本约有 3000 人。美国纽约市 6% 的高新技术企业创始人是俄罗斯公民，马萨诸塞州 3% 的高新技术企业创始人是俄罗斯公民。[①] 指望这些人能返回俄罗斯，这只不过是一厢情愿。这些人已经融入到国外的科研和商业环境了。这个结论可以囊括所有国家移民海外的专家学者。

指望我国这些前公民放弃国外的环境并为"两个家"服务根本就不能成立。如果有人想这样做，也未必能得到外国公司老板的理解。我倒是觉得，我们应该把关注的重点放在如何应对国外具有挑衅性的"引诱"我们年轻专家出国的政策上面。我们的努力是否成功，取决于在国内我们能否排除一切困难为年轻的专家学者创造相对好的工作和生活条件。

2010 年 10 月 15 日在《斯科尔科沃方案》科学咨询委员会第一次会议上，人们讨论了创新城市建设理念和什么样的人将会在什么样的条件下在这座城市里生活等问题。德国教授德·比姆伯格和他的美国同行弗·弗罗斯特博士对该问题的反应具有代表性。他们认为，"问题不在于是否

---

① 材料来源于奥莉加·乌斯科娃发表在 2010 年 12 月 15 日《公报》报的一篇文章。

为精心挑选出来的人才制定一个未来城市方案，而在于能否在高新技术领域消除官僚主义与腐败，能否给予学者应有的劳动报酬。只有这样才能吸引优秀的科研人才，才能使俄罗斯的高校毕业生事先作出有利于自己祖国的选择。"《俄罗斯报》记者就是这样描述外国学者的"坦诚担忧"的。[①]

我认为，一位在国外工作的俄罗斯年轻物理学家鲍里斯·卢基扬丘克发表的观点很重要。他现任新加坡学院教授，专门从事激光技术和等离子体激光研究。他评论说："我认为，如果把投向《斯科尔科沃方案》的那笔巨额资金用于扶持现有的正在运转的科研机构，效率会更高……如果您向 Intel 公司（全球最大芯片生产商。——作者注）提出建议，把该公司的实验室建在'斯科尔科沃'市或其他什么地方，以便生产最先进的芯片，我不相信该公司会同意。对于一些核心技术他人永远别想涉足。"[②]

《斯科尔科沃方案》还会引起人们产生某种疑虑的另外一个问题是：外国参加者的创新思想能否在这个高新科技城，在俄罗斯土地上得以实现？或许他们关注的只是"输出"自己的创新思想？《俄罗斯报》曾经就这个问题询问过国际科技研讨会总裁、俄美风险投资基金管理人亚历山德拉·约翰逊。她的回答只有一个："……今天创新思想在何地产生已经不太重要了……如果美国市场、中国市场或

---

① 见《俄罗斯报》，2010 年 10 月 18 日。
② 《俄罗斯科学与技术—STRF. RU》电子版，2010 年 11 月 15 日。

者新加坡市场前景更好的话，毫无疑问，就应当去那里。"访谈中有一点意想不到的是，她说："我曾经向投资者建议，一定要与大学生和企业家们见面，参观一下科研中心和'罗斯纳诺'的大型数据库，以及俄风投公司（俄罗斯风险投资公司。——作者注）。在那里人们会发现'珍珠'的。"

我不能苟同一些人的观点，他们不假思索地断然否认俄罗斯急切需要吸引外国投资商，特别是在高科技领域。但是，难道我们自己就不能去寻找"珍珠"吗？在俄罗斯，撇开其他的不说，仅高新技术园区就有100多个，还有110个新技术孵化中心，约120个商务人才中心，此外还有若干个经济特区。这可以让我们理直气壮地说，我们拥有把高新技术推广到国内外消费者手里的现代化网络基础设施。目前的问题是，这些网络基础设施本身迫切需要自我发展、自我完善并充实新内容。不管怎么说，发展的基础已经存在。

俄罗斯经济向创新型经济过渡的可能性是存在的。首先需要依靠中小企业，与此同时还要全面支持军工企业综合体。不管这多么令人难以置信，我们还是要把军工企业变成以高新技术推动经济发展的重要动力之一。历史就是这样，在苏联时期军工企业综合体曾经吸收了国家大部分科学技术成果。在当今俄罗斯这些资源还远没有消耗殆尽。要想让这些企业为经济现代化服务，就应当把它们的工艺技术成果转化为民用产品生产。当然，这要以不牺牲武器生产秘密为前提。美国生产武器的公司一般同时都生产民用产品，至少生产军民两用产品。这个经验对于我们来说是走向新技术发展的重要途径之一。

创造自己的新工艺新技术毫无疑问是俄罗斯走向新技术发展平台的最重要任务。目前，鉴于俄罗斯的现有条件，依靠购买国外专利技术和专利许可来实现转型极为重要。根据俄罗斯工商会统计，我国仅有7%的企业家对购买国外专利技术和专利许可感兴趣。然而，在日本、韩国，甚至中国，购买国外专利技术和专利许可是经济迅速现代化的主要源泉。我认为，我们必须对俄罗斯高新技术增长问题予以特别关注。

什么因素可以阻碍俄罗斯顺利过渡到新经济模式呢？对国家政策具有影响力的一些人的惯性思维会成为这种过渡的绊脚石。这些人总是指望石油的主要进口国能逐渐走出生产萎缩困局，指望石油价格一直维持在相当高的水平上。他们认为，只要优先扶持大型原料生产企业的方针不变，就可以重新修复经济危机之前的态势，促进国内生产总值的增长并提高俄罗斯居民的福利。

我们有理由认为，上述认识暂时为俄罗斯经济发展的性质烙上了深深的印记。与其他生产企业相比，原料生产企业，特别是石油和天然气生产企业拥有并一直保持着一系列巨大优势，不论在净利润额方面，还是在利润率方面都远远超过机械制造类企业。问题更严重的是，这些石油和天然气公司居然把高出加工领域企业很多的利润份额用于派发股息红利和馈赠客户，而不是用于发展生产。

尽管如此，这些企业依然抱怨自己囊中羞涩，已无力继续勘探和开采，国家领导层居然对他们的抱怨作出了迅速反应。2008年当国际市场石油价格骤然下降时，矿产采掘税应声减少了1000亿卢布。最具典型意义的是，同年仅秋明石油公司一家就给股东派发了830亿卢布的红利，2009年派发的红利总额比上一年多一倍。①

原料生产企业的优势还表现在国家退回增值税方面。由于企业出口石油，国家将它们先前缴纳的增值税全额返还给石油公司。世界经济与国际关系研究所研究员和2011年预测报告的作者们作出了下述正确的结论："尽管经济现代化的目标已经确定，但在经济危机期间，俄罗斯经济对原料生产企业和'低端产品'生产部门的依赖度又加大了。"②

还有一个典型的例子，就是因石油"预算"价格与实际成交价格之差而获得的超收收入的使用情况。2011年石油出口的预算价格为75美元一桶，然而实际成交价格却高出很多。显然出口石油可以获得超收收入。财政部依然坚持经济危机之前的立场：把这部分超收收入不划归俄罗斯国内开支，而转入"以备不时之需"的基金。在经济危机期间，该部分资金的使用实际上偏离了正常轨道：约三分之二的石油和天然气额外收入用于填补预算赤字，剩下的

---

① www.quote.rbc.ru，2010年6月30日。

② 《俄罗斯与世界：2011年》经济与对外政策，预测年鉴，莫斯科，2010年，第13页。

三分之一则逐渐用于增加预算开支。即使是在今天我们已经走出经济危机阴影的情况下，预算赤字依然存在。而财政部仍然把削减社会开支和增加税收当作减少赤字的手段。有理由认为，财政部依然秉承了经济危机时期的政策，想把这笔资金存储起来，尽管客观上越来越需要加大对卫生、教育和科研领域的投入，以便实现经济结构的转型，使其步入新技术发展轨道。与此同时，据专家评价，如果从每一桶出口石油中收取一美元额外收入，国家预算每年就可增加900—1000亿美元。可见，如果国际市场上每桶石油的价格达到100美元的话，那我们讨论的资金将是一笔多么大的数额啊！当然，石油价格是波动的，但根据评估，即使石油价格下跌（暂时这还是个未知数），到2011年底，石油价格也不会跌破每桶75美元，也就是说不会跌破"预算"价格。

搁置原定路线实际上就是暂时继续实行危机前的经济政策。这会导致俄罗斯成为那些依靠科技进步而迅速发展起来的世界强国的原料附庸国。在这些世界强国中除了"传统的强国"，还有中国这样的新兴强国。这种结果对于俄罗斯而言，不论在经济方面还是在社会和政治方面都是致命的。

在抵制那股不想把俄罗斯迅速转型到新经济模式的势力过程中，应当避免作出一系列极端性结论。其中包括这样的结论：似乎在确定了向新经济模式转型的方向之后，就可以不理睬已经"收益颇丰"的原料生产企业。我们还是要在一个相当长的时期内依靠这些企业上缴的利税来充实国家预算。所以，在增加原料开采量的同时应当注重开采和加工效率的同步提高，注重在外贸出口中增加原料出口的附加值。这个方针应该在新经济模式发展过程中占有一席之地。此外别无选择。

但是，仅仅做到这一点还是不够的。俄罗斯在节能技术研发与应用方面已经大大落后于其他许多国家。我国经济缺乏竞争力的一个重要原因是，在产品成本构成中能源消耗占比过高，几乎是中国产品能耗的 2 倍，是美国产品能耗的 7 倍，欧盟国家产品能耗的 12 倍。我国生产一吨钢所消耗的电能是比利时、法国和意大利等国的 3 倍，生产一吨化肥所消耗的电能是阿拉伯国家的 6 倍。当然，推广使用节能灯对于节能具有重大意义，然而，与工业中的能源浪费相比，这只是小巫见大巫。

降低能耗是多层次全方位性质的任务，是无法规避的任务。目前俄罗斯国内的能源价格比欧盟国家低 1.7 倍，天然气价格比欧盟国家低 3 倍。不过，可以预料，在未来几年里俄罗斯企业将丧失这种价格优势。俄罗斯电力企业固定资产损耗将超过 40%，高于整个工业固定资产的损耗率。主要原因是，发电燃料的消耗不断增加和输电环节损失过大。

尽管采取了各种措施，但实际电价依然无法抑制地上涨。如果电价上涨趋势依旧，那么俄罗斯的电价就可能高过美国和欧盟国家。

由于俄罗斯"统一电力系统"股份有限公司于2008年完成了改制工作，实行私有化后新进入的战略投资者向电力系统的注入资金明显增加。然而现实却是另外一种情形。俄罗斯"统一电力系统"股份有限公司的预测报告作为其改制的基石有些不符合实际。公司改制后分离出来的热力公司在电力价格方面与国家产生了严重矛盾。众所周知，国家现代化要求在居民生活水平不断提高的情况下发展经济。然而电价的过快上涨却不利于该要求的实现。对电价上涨最为敏感的首当其冲是居民，其次是中小企业。电价上涨最大的地区恰恰就是最贫困的地区。因此，这导致了电费拖欠率节节攀升。原本指望消费者能为该行业的现代化买单，结果却事与愿违。

其他问题也很多。如何抑制电价过快上涨？最终谁会为我们的电力企业现代化买单？原俄罗斯中央管理体系解体后分化出来的许多电力公司能否确保本行业以及整个国家经济实现现代化？它们是否面临着被生产能力强、资本化率高的更加稳定的燃料电力公司兼并重组？

与此同时，把俄罗斯在此前采取的所有经济措施都看成是消极的，这也不对。尽管存在缺点，但从上个世纪九十年代末开始俄罗斯领导层采取了一整套抵制伪自由主义——货币主义的措施。1992—1998年期间，当俄罗斯向市场经济转轨正处于混乱时期时，那些伪自由主义——货币主义分子们被推到了风口浪尖上。可以这样认为，他们的活动后来受到了抑制，因为政府精心制定了经济发展路线，阻止了他们试图把俄罗斯经济发展模式恢复到危机之前的行为。弗拉基米尔·普京在描述反危机措施时首次提出了俄罗斯必须向新经济模式转变的思想。后来，德米特里·梅德韦杰夫又把俄罗斯现代化口号概念的外延扩展了。

政治不稳定征兆（"统一俄罗斯党"的意识形态是灵丹妙药吗?)

　　目前俄罗斯出现了令人满意的良好社会局面，这是反危机政策取得的一个看得见摸得着的大成绩。然而，不管这种社会特征定性本身如何重要，显然它还不足以断定俄罗斯社会形势能够保持长期稳定。在当前情况下，俄罗斯出现了政治不稳定的种种征兆，我们对此不能视而不见。不管怎样，我国已经成功摆脱了分离主义威胁，至少是降低了它的危害程度。现在，我们要谈论的是另外一种威胁，就是人们对现行的国家管理制度和管理方法异常不满的威胁。这种不满情绪表现为笼罩在整个俄罗斯国土上空的迷惑不解和茫然不知所措的氛围。我觉得，这与库谢夫斯卡娅村发生的恶性事件有关①。这说明我们的国家政权还存在漏洞，该事件发人"深省"。这些漏洞往往被地方政府领导

---

①　2010年11月4日在俄罗斯克拉斯诺达尔边疆区库谢夫斯卡娅村发生了一起恶性屠杀事件。黑社会指使几个年轻人杀死了12个村民，其中包括4名儿童。——译者注

人串通刑侦人员掩盖起来。其实，大家都十分清楚，这种现象既不是暂时的也不是偶发的。究竟是什么因素使人们产生过度恐慌：可别再发生大屠杀事件了，像库谢夫斯卡娅村那种状况天晓得还要持续多久。

看来，地方政府已经无力防止这类恶性事件的发生了。库谢夫斯卡娅村事件提出了一个尖锐问题：必须找到一种机制来防止国家政权在地方上的真空。该机制形成的一个重要方向是，各级地方政府不仅要置于莫斯科监督之下，而且还要置于当地居民的监督之下。

无论如何，对于俄罗斯联邦政府而言有一项任务特别重要，我们称其为，在俄罗斯全境进行普查，排查类似库谢夫斯卡娅村事件，并建立一种不使此类悲剧重演的机制。我不止一次地说过，我们的做法，即建立政权的垂直领导，从中央到大区再到地方的领导体制，是正确的。但是，这样一种体制并不能保证反向联系的无障碍性，也就是居民意见通过地方政府，再通过大区领导最后通达到联邦领导能够畅通无阻。大众传媒本可以在确保这种联系中扮演重要角色，但目前总体效果尚不明显。重要的是，现在还没有采取任何措施，而客观又要求刻不容缓地采取措施对大众传媒上反映出的批评意见进行核查和反馈。

在我国政治形势中，还有一个与库谢夫斯卡娅村事件同样值得关注的一个不尽如人意的现象。我指的是莫斯科马涅日广场五千人游行事件①。最简单地理解，该事件是广大球迷对执法机关某些代表人物犯罪行为的一种反应。这些执法人员或者因为钱财或者因为害怕报复而将杀害俄罗斯族青年，也就是"斯巴达克"球队的狂热球迷的犯罪嫌疑人释放了。也许在五千名集会示威者中不乏对此感到愤愤不平者。但总体看来，他们中的大多数并不是由一些放荡无稽、肆意滋事的人构成。可以推测，在这些人的背后有一股决不属于球迷运动的力量。

有朝一日，如果我们不断对此关注的话，就不会认为这种民族主义和排外倾向具有什么意义。显然，人们期望政府主要应该解决社会问题，这样沙文主义和民族主义就会自动退出历史舞台。上述事件的发生证明，这些沙文主义和民族主义不仅没有退出历史舞台，反而增强了自己的影响力。此外，弗拉基米尔·普京曾经正确地指出，沙文主义者鼓吹民族矛盾，有可能在某一时刻他们会作为一股力量出现，会为了自身利益而提出为"拯救俄罗斯"而承担起恢复秩序职责的要求。这种情况绝非假想。

不言而喻，莫斯科的移民大多来自南方，他们的行为经常会成为社会现实的刺激因素。首都相当部分的犯罪案件都与这部分人有关。俄罗斯其他城市的情况也大体相似。直截了当说吧，不能忽视这个国家大多数居民——俄罗斯人的利益。过去苏联在经济领域忽视了俄罗斯人的利益，

---

① 2010 年 12 月 11 日在莫斯科马涅日广场举行了反对种族犯罪的群众集会，后演变为球迷与警察的冲突。——译者注

这成为了俄罗斯联邦主权国家最终出现在地图上的一个原因，它对苏联的解体同样起到了很大作用。毫无疑问，俄语和俄罗斯文化在我国发挥着团结作用。该语言和文化的载体理应在俄罗斯充当特殊角色。对俄罗斯族人的真正关照实属必要，但这种关照决不应当以牺牲其他民族居民的利益来实现。我们不妨回忆一下，人们是如何在大众传媒上带有某种满足感地到处重复着这样的词语："高加索人面孔"。然而，领导层中却没有人站出来反对这种对几百万人来说明显带有侮辱性的词语。

我不赞成俄罗斯重蹈美国上个世纪 70—80 年代历史的覆辙。许多人都记忆犹新，当时白人与黑人的关系已经紧张到了一触即发的程度。要扭转困局，不能仅靠镇压极端主义分子，而且还要靠有针对性的社会工作。例如，在美国的电影和电视剧里，深肤色人通常不扮演罪犯而是警察，甚至还不是一般的警察，是警官。他们扮演的是正面角色，而非反面人物。这些影视剧对社会情绪具有重要影响。然而在俄罗斯的影视剧里情况却完全相反。

顺便谈谈对多数人与少数人的理解。国家通过选举和议会来实现大多数人的意愿，毋庸置疑，这是民主的一个特征。尽管多数也是民主的一个要求，但是，它绝不应当用民族或宗教特征来定义。俄罗斯居民的多数是俄罗斯族人，就其出身而言是东正教徒，尽管其中有相当部分是无神论者或是自然神论者，也就是说，这些人相信上帝创造了自然和人类，但也相信上帝不再干涉自然和人类的发展进化过程。政府是否应该尊重这一无可争辩的事实呢？不言而喻。与此同时，国家政策首当其冲地应该保护少数人的利益，保护非俄罗斯族人的利益，特别是穆斯林的利益。他们不仅占俄罗斯总人口的五分之一，而且大多数人认为俄罗斯的土地从历史上就是他们的家园，因为早在远古时期他们的祖先就来到了这片土地上。

把中世纪罗斯公国的历史看作是俄罗斯民族与草原民族——鞑靼人的冲突史，这种历史观是浮浅的。在现实生活中做到界限分明，通常会得到完全不同的结果。

在古代编年史中，俄罗斯的大公们要去可汗那里获得统治公国的头衔，可汗被他们称做"沙皇"。与皇室联姻不仅加强了他们同草原民族的关系，而且同时这种关系在俄罗斯大公内讧中还被用来当作取胜的砝码。因为内讧中的胜利者往往是可汗支持的一方。

最终，各罗斯公国联合起来推翻了可汗统治，从此免除了草原民族的袭扰。俄罗斯为此付出了高昂代价。但是，我们不应该仅把这段历史——从鞑靼蒙古压迫下解放出来——看作是我们生活的历史传统。

移民潮使俄罗斯族际间和种族间的关系变得错综复杂。况且这种移民潮还不是暂时和阶段性现象。居民从一个国家迁徙到另一个国家的潮流，这是全球化发展过程中的规律之一。根据世界银行对全球移民前景的预测报告，2010年最大的移民潮是，墨西哥向美国的移民潮。移民规模排在第二位的是俄罗斯向乌克兰的移民潮，第三位是乌克兰向俄罗斯的移民潮。世界银行断定，俄罗斯与乌克兰之间居民的相互交换规模，远比从孟加拉向印度和土耳其向德国的移民规模大。据世界银行统计，目前俄罗斯有1220万外国移民，占总人口的8.6%。

涌向俄罗斯的劳动移民潮始终没能停下来，因为原苏联各加盟共和国特别是塔吉克斯坦、乌兹别克斯坦、吉尔吉斯和摩尔多瓦等国的经济和社会状况一直不见好转。世界银行统计，今天，俄罗斯是继美国之后全球第二大劳动力输入国。涌向俄罗斯的会说俄语的移民潮已接近尾声，因此形势变得复杂起来。目前，从独联体国家迁徙到我国的会说俄语的人已经达600万人，大部分是斯拉夫人。劳动移民的大多数都是所谓的"族名国家"代表①。他们的职业构成主要是力工和勤杂工，其中独自创业的小企业主占比微乎其微。

我国现实状况的特点是，劳动力缺乏流动性。人们广泛秉持的就业理念是追求体面工作，拒绝低薪岗位，不愿干又脏又累的粗活。这种就业理念主要表现在大中城市居民身上。我国人口递减以及职业教育的缺失还导致了另外一种后果：生产领域的工作岗位大量闲置。劳动移民恰好在这方面发挥了积极作用。

但是，与此同时，劳动移民还有一些负面问题。我把

---

① 所谓"族名国家"指的是国家名称同该国主要民族名称一致的国家，这个词由19世纪法国著名诗人和政治家莫里斯·巴雷斯首先使用。——译者注

它们归纳为下面几种：

1. 与本地居民同质化的劳动移民占比太小；

2. 非法劳动移民在劳动力总量中占比过大；

3. 国民经济中的许多领域都被这些劳动移民"挤占"。他们的低工资在很大程度上加剧了这种"挤占"效应。劳动移民每天工作时长为 10 – 12 小时，没有休息日，生活条件简陋。应当坦诚地指出，雇佣廉价外籍工人已经成为俄罗斯生产领域工艺技术进步的严重障碍；

4. 社会上不断出现按民族划分的各种小集团，导致犯罪率上升；

5. 由于莫斯科和俄罗斯欧洲部分的其他城市里的大部分移民都是穆斯林，外来移民与本地居民之间发生民族或种族冲突，以及宗教冲突的危险不断加大；

6. 大量未纳税资金流向国外。据统计，每年流失的这类资金超过 2000 亿卢布；

最后，俄罗斯社会还免除不了要承担对本国居民的财政补贴，以便舒缓人们的排外情绪。

俄罗斯有必要制定一个合乎情理、审慎严谨的移民政策来解决下列若干问题：

第一个问题：区别对待劳动移民。例如，在美国，政府对劳动移民有明显的分级限制。外国专家在获得美国永久居留权的同时还拥有未来成为美国公民的可能性，而农民工在获得一年工作权利时有可能将来会得到延期，但条件是，需要提供雇主对自己的鉴定和相应权力机关的监督报告。

第二个问题：为外国移民创造良好的就业条件。为此，必须加强对雇主行为的监督，把俄罗斯劳动法涵盖到每个外国移民身上。

第三个问题：在东西伯利亚和远东地区创造对来自中国和原苏联加盟共和国劳动移民的良好监管环境。

第四个问题：根据我国经济的需要对部分劳动移民进行专业培训。

再补充一点，我们采取一系列移民政策措施的目的，就是要把外国劳动移民纳入法律轨道。不过，这些措施只能部分解决当今俄罗斯的社会问题。

我认为，在社会上占主导地位的意识形态要高于民族关系和种族关系，政府强调这一点十分重要。但遗憾的是，到目前为止俄罗斯尚未形成这种主导的意识形态。苏联时期的意识形态的本质恰恰是建立在民族关系和宗教信仰之上的。关于这一点，我完全赞成德米特里·梅德韦杰夫总统和弗拉基米尔·普京总理的观点。人们可以对苏联时期意识形态的本质有不同理解，但是大家都认为社会极其需要意识形态工作，它是社会团结和发展的必要手段。

因此，对于俄罗斯执政党——"统一俄罗斯党"来说意识形态工作便具有了头等重要的意义。

近年来，"保守主义"和"保守人士"等词语已成为俄罗斯的流行语。有一位我喜欢的演员兼电影导演，名字叫尼基塔·谢尔盖耶维奇·米哈尔科夫，早在他孩童时期我就认识他。该人曾经撰写了一篇文章《教育保守主义宣言》。我对该文的理解是，他试图在保守主义中寻找到能够拯救民族精神和道德价值的途径，捍卫俄罗斯人的宝贵传统，使其免遭抛弃，防止我国近年来周期性发生的负面事件重演。他显然已经清楚地意识到，"保守主义"概念具有负面影响，所以在《宣言》中讴歌的不是别的"保守主义"，而是"教育保守主义"。

自我称谓为"统一俄罗斯党"的执政党已经向国人宣布了自己的意识形态——"俄罗斯保守主义"。如何理解这个概念呢？如果它囊括了十月革命前和苏联时期所有有益的内涵，那么我也持有相类似的观点。如果这个概念涉及到的是人们不愿接受的、匆忙形成的、本身尚不成熟且没有物质作基础的、人民会为此付出代价的思想，那么我也不会接受它。但是，对保守主义概念的传统理解已是众人皆知的，作为一种意识形态的方向和政治运动，它还包含着其他一些原则。其中一个原则是，否定增加和扩大社会预算支出的必要性。另外一个原则是，反对社会的激进改革。当然，随着时间的推移，保守主义意识形态从一个国家传播到另一个国家时会发生变异。不过，尽管在程度上有所差异，但它的原则还是作为保守主义的标准保留了下来。

我认为，"俄罗斯保守主义"概念的创建人及其追随者试图绕过水下暗礁的做法是极不具有说服力的。"统一俄罗斯党"最高委员会主席鲍里斯·格雷兹洛夫把"俄罗斯保守主义"称为"开放式的"。很明显，这意味着凡是接受这种意识形态的人都可以加入该党。那么我们眼前就会浮现出这样的景象：那些把俄罗斯保守主义搞得（客气一点说）面目全非并脱离实际的各种思潮就会从四面八方（来自左派和来自右派）一股脑涌入"统一俄罗斯党"的意识形态中。"统一俄罗斯党"领导人、现任总委员会主席团宣传工作小组的组长就这样认为，本党的意识形态"并不把社会经济问题摆在中心位置，而是把地缘政治问题放在第一位……如果说，欧洲在几十年间社会制度一直稳定不变，其表现出的主要问题是社会公正与经济效率之间的关系问题，主要争议来自社会民主派与自由保守派之间的话，那么今天的俄罗斯在意识形态方面的主要冲突则表现为另外一种方式。该问题涉及到俄罗斯在当今世界上的地位问题"。难道这种结论不与从俄罗斯内部尖锐问题抽象出来的俄罗斯保守主义有何等相似之处吗？今天俄罗斯凸显出来的矛盾都是些非臆造的、实实在在的矛盾。这些矛盾不仅仅根植于民族和种族土壤里，还存在于经济活动中。其中一个矛盾发生在这样两种人之间：一种人认为，必须履行国家的社会责任并不断强化和扩大这种责任；而另一种人则认为，为了搞活经济可以忽略这种责任。据说人们对此可以承受得住。显然这是一种舶来品，是在效仿当今的欧洲和美国。

没有人会怀疑，分别反映左翼中心和右翼中心观点的两个不同方向的政治力量正在针锋相对地暗中较量。不妨读一篇公开发表的文章便可窥测一斑。这篇文章的作者是中央银行第一副主席、我所敬重的经济学家阿列克谢·乌柳卡耶夫和他的顾问米·库利科夫。文章表达了作者的下述"信念":呼吁取消在扣除通货膨胀系数后将退休金指数化的做法,放弃全国各地区为社会福利标准负责任的规定,主张采取强硬措施把国家的社会性开支限定在国内生产总值的一定比例范围内,或者限制在以卢布计价的绝对数额内。① 储蓄银行董事会董事亚·莫罗佐夫对此的解释很有典型意义。他说:"阿列克谢·乌柳卡耶夫的思想具有全球化趋势的眼光,是全球普遍做法的反映。关键在于,如何将这种思想在俄罗斯得到贯彻落实。"② 目前该建议尚未获得落实,因为政府总理还没有公开表态。事实上,政府中的新自由主义者正在抵制这个建议,他们背后依托的是莫斯科几家新成立的科研中心。

当前,要抵制俄罗斯新自由主义者,就需要执行这样一条路线:反对他们急不可耐地试图在极短时间内消除因经济危机而造成的预算赤字的做法,即通过骤然减少国家各项社会开支和投资,以及增加商业税收的做法。关于这一点,在 2010 年 1 月 19 日召开的"税收——现代观点"学术研讨会上,财政部长已经直截了当地亮出了自己的观点,而且还不是第一次。许多与会者不赞成他的意见,其中包括储蓄银行行长格·奥·格列夫。他指出:"如果我们

---

① 见《经济问题》,2010 年 9 期,第 12 页。
② 《缓冲准备金日报》,2010 年 9 月 30 日,第 178 期。

的目的是保持经济长期稳定增长的话，那么提高税率原则
上是不可行的。"①

　　这里，问题不仅仅关系到能否保持国家经济稳定增长，
而且还关系到经济质量如何，也就是国家在坚定不移提高
居民生活水平的同时能否确保国家走向工艺技术进步。不
仅如此，在全球化背景下，一个国家的税收水平高与低对
于营造良好环境吸引国外投资影响甚大。其实，税收水平
问题是个国际化问题，不可能闭关锁国独自处理。这一点
可以在独联体国家创建统一经济空间过程中得到验证，在
不久的将来，当关税联盟并入到统一经济空间时，这一点
也会得到验证。例如，哈萨克斯坦的主要税种有：增值税、
自然人所得税、利润税、社会保障税。这些税种都大大低
于俄罗斯相应的税收标准。在统一经济空间创建之后，难
道俄罗斯的企业家们不会去寻求享用邻近伙伴或邻国的司
法优惠吗？

　　"俄罗斯保守主义"这个密码如同"社会保守主义"
密码一样，无法摆脱其逃避现实矛盾的事实。使用这个术
语显然是为了模糊其与社会主义对立却与新自由主义不太
对立的事实，掩盖"俄罗斯保守主义"与新自由主义遥相
呼应的事实。现在这一点已经暴露无遗。而且，"社会保守
主义"还是以"现代化意识形态"的姿态昭告天下的，似
乎撇开传统价值和传统方法也可以实现现代化。

――――――――

　　① 《缓冲准备金日报》，2010 年 11 月 22 日。

通过"统一俄罗斯党"几位领导人的发言可以看出，"俄罗斯保守主义"与人们通常认为的在解决现代化问题过程中起到不可否认作用的激进主义背道而驰。问题不在于它否定了一些必要的激进的根本性的改革措施，而在于它寻求的是一种不符合大多数居民利益的实现现代化的方法。与此同时，无论如何也不能把"统一俄罗斯党"的领袖看作是彻底改革（首先是在经济领域，其次是在建立联邦关系方面）的对立面。遗憾的是，这些观点均未能在执政党的思想体系中得到反映。

鲍里斯·格雷兹洛夫认为："应当以最快的速度改善科研工作、促进高新技术应用和提高生活质量。"[1] 他的观点是正确的。与此同时，还有这样一些领导人，他们主张"变革要循序渐进"，并声称"执政党视激进主义为俄罗斯保守主义的对立面。"[2]

这种思想大杂烩未必能成为俄罗斯所需要的意识形态。一个国家所需要的意识形态，应该能够解决它在寻找发展道路过程中产生的矛盾并弥合分歧。"统一俄罗斯党"的意识形态显然不合时宜，因为在它的内容中还需要增加对于国家现代化来说无疑是必需的果断而激进的措施，当然是经过仔细斟酌和周密思考的措施。

由于受到俄罗斯以往革命过程中出现的一些极为负面

---

① 摘自鲍里斯·格雷兹洛夫在统一俄罗斯党第十次代表大会上的发言，2008 年 10 月 20 日。// www. edinoros. ru

② www. edinoros. ru

事件的影响，我们的脑海中往往会留下一种成见：对原本是人类发展动力的革命变革总体上持否定态度。所有国家的历史都证明，其生产力、生产关系和其他社会关系的发展都是通过革命性飞跃实现的。我们对自然界和宇宙的认识也具有革命性变革特征。革命与进化运动相互结合，进化则为革命性飞跃积累能量。

通常，我们应当把社会革命同革命性激进变革区别开来，前者可以改变所有制关系和生产资料所有者关系，而后者则不通过所有制的全面变革就可以实现社会的质变。实现社会变革的方式多种多样，强制的力度与形式也依情况不同而千差万别。在一定条件下这种变革可以通过和平方式得以实现。对俄罗斯而言这种认识非常具有现实意义。我们不应当总是以回忆社会主义革命中血腥的一页来否定激进改革的必要性，特别是在经济领域、司法诉讼领域和联邦关系建设领域。在这些领域里推行保守主义是要不得的。保守主义可以也应该表现自己，但这种表现不应该在否定社会必需的质的变革方面，而是在寻求变革方法过程中评判这些方法是否符合大多数居民利益的方面。

现代化：若干反命题

俄罗斯要走向现代化的口号人们几乎天天在喊。我们需要借鉴全球经验来更新和发展经济、政治、社会和国家体制，这已刻不容缓。当前，不与腐败作坚决斗争俄罗斯就无法实现现代化，而现代化的实现又不能以降低居民生活水平为代价，这已经成为社会的共识。类似的反命题随处可见。然而，在当今俄罗斯，现代化的概念究竟包含哪些具体内容？要实现现代化又需要哪些连续措施？对于这些问题目前在我国尚未有经得起论证的意见。这里姑且不谈俄罗斯现代化战略和策略的制定问题，仅就在国家现代化过程中应该避免什么，或者说究竟哪些问题不能被抽象化谈谈我的看法。我所提出的若干反命题绝非凭空想象。它们均归纳自各种出版物、研讨会、圆桌会议和访谈录所探讨的问题。

第一个反命题。许多国家的历史告诫我们，作为现代化核心内容的经济，如果离开具有强大竞争力的工业，其向创新型模式转轨就无法实现。我们经常谈论必须向后工业化社会转型。然而，在俄罗斯如果不进行再工业化，换言之，如果不在最现代化基础上重建工业的话，转型任务就无法完成。弗·尤·苏尔科夫曾经这样指出："不应该在二十世纪中叶的工业基础上从事二十一世纪水平的发明创造工作。"①

第二个反命题。现代化进程不仅仅局限于经济领域，认识到这一点十分重要。现代化概念的内涵十分宽泛：它不仅包括经济，而且还包括政治、社会、司法和文化领域。那么现代化进程到底在各个领域是同时进行还是依次进行呢？对于这个问题人们已经不止一次地做出过回答。我认为，现阶段我们应该特别关注经济现代化问题。当然经济现代化不可能脱离社会生活现代化和国家管理现代化而孤立进行。

我国经济现代化的进程复杂曲折。德米特里·梅德韦杰夫在个人网页上写道：俄罗斯必须建立起"更加灵活、更加动态、更加开放、具有自我更新和自我发展能力的"政治体制。在涉及俄罗斯现阶段民主状况的性质问题时，总统认为，它是"不完善的"，并强调说，我们的民主"处于刚刚起步阶段"。事实确实如此，到目前为止我们的司法体系尚未完全独立。立法机构通常无条件服从国家领导人的意志，甚至当领导人的指示明显不对时依然服从。我们对于"国家杜马并非讨论问题的场所"一类的话只是

---

① 《独立报》，2010 年 12 月 8 日。

友善地提出批评。然而，从这种友善批评到把各级立法机关变成重要的政治论坛还有相当长的路要走。政治讨论有利于立法程序达到最佳化。如果在联邦、地区和市一级选举中能取得一系列胜利，那么接下来就剩下实践问题了，也就是说，"统一俄罗斯党"根据"统一俄罗斯党员"进入政权所占比例来公开评价某位地方领导人了。地方领导人都清楚，他们的命运掌握在执政党手里，是党推举州长和市长候选人。受宪法保护的言论自由广泛存在，批评领导的材料可以公布在大众传媒上。然而，"领导的指挥棒"依旧存在着，特别是在电视频道上，包括国有电视台和拥有众多观众的主要私营电视台。"领导的指挥棒"可以让这些电视台同步行动。

一些社会性机构没有发挥出在民主社会中应有的作用。社会院就是一个典型例证。它的作用本应是做出对国家和居民具有重要意义的决定，然而，目前这种作用还非常不明显。在很多原则问题上，它对公众的意见根本就不予理睬。做得最差的一件事是，将民警局更名为警察局。我相信，如果就这个问题进行社会调查的话，大多数人都会反对更名。实际上，警察局更名为民警局是俄国二月革命之后的事。目前新更换的名称很不理想，因为人们对第二次世界大战期间苏联境内德军占领区里的那些"警察狗子们"所犯下的滔天罪行仍记忆犹新①。不仅如此，更名还需要支

---

① 在第二次世界大战德军占领区内成立的伪警察局与新更换的名称是同一个词。——译者注

出一大笔经费。

类似例证不胜枚举。这些例证要求我们在民主化方面还要采取一些重要举措。没有切实的民主化措施，经济发展要实现突破很难。如果使经济发展达到一般化，倒是有可能。这一点毋庸置疑。

第三个反命题。实现民主化在任何时候都不应当以削弱国家实力为代价。俄罗斯要想抓住历史机遇并迅速实现现代化，就需要强有力的政府再加上民主制度，后者只能促使政府为人民的利益服务。

强有力的政府远没有必要把自己同专断集权制度联系起来。目前，有关现代化与民主的关系问题众说纷纭，莫衷一是。有些专家学者在研究现代化与民主这两个进程时将其对立起来，认为二者必择其一。理由是，许多已经或正在实现现代化的国家就是在专制制度下完成这一过程的。情况确实如此。但是，这些例证并不意味着要实现现代化就必须实行专制制度。实现现代化毫无疑问需要秩序、可持续性、稳定和安全。实现现代化，容不得任何削弱法制力量的行为存在。但是，如果国家面临下面的选择：或者通过专制管理，或者通过社会民主化来确保实现现代化的最佳条件，那么应该选择民主。

这个结论对今天的俄罗斯来说具有特殊意义。有时人们为了说明问题，举出的例子不是智利和东南亚的"四小虎"，而是中国。因为那里在"开明专制"条件下正在成功地实现现代化（我们非常喜欢"开明"这个形容词）。

中国没有任何其他道路可以选择。在那里集权管理的顶峰是所谓的"文化大革命",集权管理确实会导致专制制度的形成。这种状况的产生不仅仅因为保留了共产党的主导地位,还因为共产党的意识形态发生了变化,把马克思主义与自由主义结合起来,因此影响了国家发展道路。这种进步推动了民主化发展。在中国现有条件下断然抛弃集权管理,一下"跳跃"到民主管理就可能破坏国家在实现现代化进程中所有必要的先决条件。

俄罗斯的情况则是另外一个样子。在苏联时期,我们没有把马克思主义与自由主义进行趋同处理,尽管在戈尔巴乔夫改革时期曾经对此进行过尝试。结果苏联共产党丧失了主导地位并宣布解散。新的国家——俄罗斯联邦经历了二十年发展,期间遭遇了诸多艰难险阻、动荡危局和错误挫折,留下了许多未解问题,一步一步向民主化、公开化和政治多元化靠近。如果我们建立集权制度,恐怕不会像中国那样向前进,而是迅速倒退。

第四个反命题。不能把没有民主化就没有经济现代化这个正确结论曲解为,趁着原料出口价格行情看好,先推进政治现代化,然后再进行经济现代化。

在实现现代化过程中,各项措施的先后顺序是个具有强烈政治色彩的问题:有人号召摧毁现有的权力结构并把这作为经济现代化的一个条件。这种号召潜藏着俄罗斯社会解体的危险,会制造出一种无法实现经济现代化的危局。只有不负责任的人才会直接或间接地纵容该行为。

现代化进程首先应当从经济领域开始，继而发展到社会领域，然后才是政治领域。但这绝不意味着，在经济现代化尚未取得明显效果之前冻结社会生活的民主化进程。在经济现代化阶段，显然必须注重保护人身及其财产不受任意侵犯，建立对所有人都具有约束力的法制并实行司法独立。

我们的出发点应该是：现代化的主要任务是为提高国民生活水平和安全感创造条件。"从根本上提高人民生活水平是现代化的结果而非前提条件。"弗·列·伊诺泽姆采夫曾经这样写道。① 我赞成他的观点。

第五个反命题。要完成俄罗斯经济现代化这个不论在规模上还是在复杂性方面都是史无前例的任务，就不能忽视现有干部队伍的建设问题。我们干部队伍的"痛点"，大家都心知肚明，就是大部分工程技术人员和管理人员素质不高，中下层专业技术管理人员严重匮乏，与此同时，商业领域、国家机关和市政管理部门所不需要的专家却大量过剩。

在俄罗斯干部队伍发展过程中，有三个相互关联的问题对于现阶段具有特殊意义。第一个问题：如何建立起一个适应劳动力市场需求的可以连续培养多层次人才的干部培养机制？这里涉及的是如何创建一个由低级、中级到高级的职业教育机构培养出来的干部队伍问题。不言而喻，

① 参见《俄罗斯现代化：条件、前提与机遇》第 1 版，《后工业化社会研究中心》，2009 年，第 78 页。

三个层次之间必须相互关联。我们应当仔细研究一下，如何才能把后苏联时期支离破碎的职业教育体系恢复起来。

第二个问题：如何培养管理干部？早在十九世纪，德国首相俾斯麦就说过这样一句充满智慧的话："如果一个国家没有好的管理体系和管理人才，任何法律都帮不了它的忙。"

第三个问题：如何创建选拔和培养青年人才的完整体制？俄罗斯依然如故地拥有大量人才，这一点毋庸置疑。在最近一次的国际奥林匹克竞赛中，俄罗斯青年人摘取了几十个奥数竞赛、信息技术竞赛和天文学竞赛的奖牌。现在我们面临的任务是，恢复在苏联时期曾经使用过但已经被人们遗忘了的选拔青年人才的工作方式和方法，而且还要吸收当今国外许多成功经验。

西方国家的通行做法是，几家隶属于大学、科研中心，甚至是商业企业的专门基金为争夺一位天才少年而展开激烈竞争。目前，在奥巴马总统的提议下，美国的这类基金更加注重资助来自低收入家庭的优秀学生。难道这种做法对俄罗斯来说没有现实意义吗？

第六个反命题。不制定一个空间发展战略计划，俄罗斯的现代化就无从谈起。一个国土广袤、居民分布严重不均、经济与工业发展参差不齐的国家的命运就决定于此。我国发展的不平衡显而易见：乌拉尔以东地区，也就是在俄罗斯领土五分之四的土地上，只居住着 2000 万人；俄罗斯有 10 个联邦主体创造的国内生产总值远远超过占国土面积 73% 的其他地区的国内生产总值。

俄罗斯的空间发展显然具有各种不同的衡量标准：有人口学方面的衡量标准、社会经济方面的衡量标准和政治方面的衡量标准。然而，这些衡量标准都是相互关联的。如果涉及到俄罗斯空间发展的人口问题，那么俄罗斯的当务之急就是，如何在东西伯利亚和远东地区增加人口。然而，不把该地区的社会经济条件与俄罗斯欧洲地区的社会经济条件拉平，移民问题就无法解决。为此需要一揽子解决问题的方法：特殊对待东部地区经济发展规划的落实，使其脱离对自然资源开采的依赖，走向科技发展之路；特别关注发展交通基础设施；落实社会发展规划，鼓励向东部地区移民。与此同时，实施有计划可控制的移民政策也具有重要意义。

确保俄罗斯领土完整、社会稳定和国家安全是俄罗斯空间发展的一个主要目的。

俄罗斯空间发展战略应回答下面几个重要问题：

1. 如何结合俄罗斯特点有效协调两个方向不同的区域政策——东西部地区生活条件政策平衡与刺激经济发展政策的相互协调；

2. 如何鼓励不单纯靠再分配而要靠搞活被资助地区经济来拉平东西部地区生活条件；

3. 财政联邦制应该符合哪些要求；

4. 在确保政治集权的同时如何发展也必须发展俄罗斯经济的分权制？

第七个反命题。俄罗斯实现现代化决不意味着要"融入"到西方世界。就是说，俄罗斯实现现代化的目的，就是要把自己的生产力和社会发展水平提高到当今先进的工艺技术平台上。然而，尽管西方已经整体达到了这个水平，但俄罗斯不会"融入"到西方世界。目前还有一种与此相似但却截然不同的思想：把欧盟作为俄罗斯实现现代化的唯一盟友。这与所有其他国家的现代化模式都背道而驰，其中包括中国模式。我认为，多元化政策对于俄罗斯现代化来说更加有效。

第八个反命题。任何与世隔绝和对俄罗斯的现实钻牛角尖的态度都无助于俄罗斯现代化的实现。坚持俄罗斯的独特性和特殊角色，这与现代化思想背道而驰。弗·列·伊诺泽姆采夫正确地指出，现代化与所有形形色色的"保守主义"都格格不入。[①]

毫无疑问，俄罗斯的政治文化应该会影响到国家现代化的进程。然而，认定政治文化可以决定现代化进程的基本特征是不现实的。在这方面我们有前车之鉴，即使它与俄罗斯的"权力纵向制约机制"相关联。在俄罗斯建立这种权力纵向制约机制，不是因为弗拉基米尔·普京从俄罗斯历史中获得了灵感，而是因为"俄罗斯土地收藏家们"有此意愿。由于国内分离主义倾向有所抬头，加之部分地方领导人为所欲为，特别是在鲍里斯·叶利钦实行"你们能掌握多少主权就拥有多少主权"政策之后，建立"权力

---

① 参见《俄罗斯现代化：条件、前提与机遇》第 1 版，后工业化社会研究中心，2009 年，第 79 页。

纵向制约机制"就显得格外必要了。

其实，建立"权力纵向制约机制"不仅可以加强俄罗斯国内的向心力，而且还可以将其作为历史传统和历史遗产来继承。这可以为解决一个迫在眉睫的问题——把广泛的经济权力下放到我国各个行政主体——创造条件。在实行并加强"权力纵向制约机制"的前提下，分散经济管理权是可以接受的，特别是在俄罗斯这样地域空间如此广阔的国度里，它是发展生产力的真实需求。人们都忘记了苏联时期的情景：远东地区要从事外贸业务，包括边境贸易都要通过莫斯科才能实现。

因此，这里便出现了一个对于俄罗斯来说具有普遍意义的问题：民族价值观与全人类价值观的相互关系。政治学家德米特里·奥尔洛夫在《独立报》上发表了一篇辩论性文章并阐述了自己的观点。他写道："……民族文化的力量、民族化的意识形态、生活方式和生活意义的力量，这些都可以替代界限朦胧的全人类的价值观。"[①] 贬低全人类的价值观，甚至故意对它不予理会之类的事情，我们曾经实践过，那时阶级立场压倒一切。现在把不是阶级的而是民族的价值观与全人类的价值观对立起来，难道这真会有利于我们的发展吗？

就民族文化的所有意义其中包括政治意义而言，它们绝对不能替代界限朦胧的全人类的价值观和利益。"文化"

---

① 《独立报》，2007 年 7 月 13 日。

作为一个历史概念是由两部分内容构成：精神文化和物质文化。政治文化归类于精神文化，但它会受到物质文化——技术设备、日用消费品、服装和所有能决定生活方式的东西——的直接影响。同时，物质文化成果在很大程度上不是与民族特点相关联，而是与技术、工艺和生产组织的成果相关联，后者并非在民族的框架内得以发展的。

不能把民族文化、民族思潮和民族传统看作是一成不变的东西，它们会随着社会发展而不断变化。

全人类的价值标准才是判定诸如民主这类概念的标准。这是民主社会的一种状态，在这样的社会里，政权（国家）应该实现并保障公民平等、法律至上、每个公民享有政治和社会权利与自由、少数服从多数。民主原则还包括：国家主要机构和领导人要选举产生，接受选民监督并向选民报告。这些原则不能只停留在纸上，而是要落实到行动中。

我之所以要罗列这些民主的一般性原则，是因为它们能概括各种不同民主——议会制民主、总统制民主、君主立宪制民主——的共性。这些民主原则应该在社会生活中占统治地位，然而，情况并非总是如此，也并非总是平衡发展。应当坦言，我国的情况就不容乐观。

第九个反命题。俄罗斯现代化所需的意识形态不应该"捆绑在"一个政治理论上，如自由主义或者保守主义。当人们把现代化寄托在某个政治领导人身上，不管他多么有能力，总不是一件好事。坦诚地说，这个反命题的提出是在我读完一份现代发展研究所发布的独立专题报告之后。

报告使用了下面一段话作结束语（这里我全文摘录）：

"对现代化进程的管理（总体规划和个别方案）可以通过权力平行的纵向制约机制得到保证，最后由俄罗斯总统直接掌控。这种管理由两类"负责推进现代化的管理机构"组成：

1. 一种类型是"应急管理机构"，负责处理紧急事务（如解决无家可归、有组织犯罪等问题）；

2. 另一种类型是"战略参谋机构"，负责制定国家未来发展纲要（如研究新的教育模式、军队建设理念、选择城市化方式等问题）；

这两种类型的机构应当相互平行地发挥作用，更主要的，是要与**平行的正规官僚机构**协同发挥作用（着重号是我加的——作者注）。正规官僚机构的职能是维护并服务于现有的社会体系。这种职能**至关重要**，但按照本身的定义，它并不具有推进现代化的使命。

因此，负责推进现代化的管理机构不能影响平行的正规官僚机构的工作，而后者可以影响前者，这一点非常重要。当各机构之间发生冲突时，总统拥有特权来协调它们之间的矛盾并决定优先权归属问题。"①

这种权力的分离对俄罗斯而言是致命的。它可以葬送

————————

① 伊·波诺马廖夫（Пономарев И.）、米·列米佐夫（Ремизов М.）、罗·卡列夫（Карев Р.）、康·巴库列夫（Бакулев К.）：《独立专题报告：俄罗斯现代化如同建设一个新国家》，莫斯科，2009 年，第 32 页。

现代化的前程，并把现代化事业变成纯粹政治动机的附属品。两年前，我写了一篇关于"双人体制"未来的文章，文中写道："这种体制是否稳定，要由时间来验证。问题在于，不是哪一位领导人有缺陷，而实际上是所有相互接替的领导人都有缺陷，这个缺陷就是聚集起来的政治精英们都忠诚于主要领导人个人。其实，政治精英们并非千篇一律，但能把他们联合到一起的却是对一个人的忠诚。俄罗斯的官员从政主要不是服务于国家，而是服务于长期在位的国家元首。在这样一种氛围下，那些现在围着梅德韦杰夫和普京转的人免不了都各自怀揣小算盘。这里姑且不谈过去人们曾经使用过的小把戏——在两位领导人之间制造矛盾，不管他们的志向如何一致。"①

遗憾的是，现代发展研究所报告中的结论并非个案。有一点不应忽视，在社会中，特别是在政治精英阶层中，的确弥漫着政治学家叶连娜·舍斯托帕尔所驳斥的一种观念："由于当今俄罗斯政权结构的配置特点所致，我们拥有的政权工作日程表不是一个，而是两个：一个是与德米特里·梅德韦杰夫相关联的现代化日程表，另一个是以弗拉基米尔·普京为首的"统一俄罗斯党"提出的保守主义日程表。"② 我们极不情愿看着这种黑白相间的状况继续向前

---

① 叶·普里马科夫：《没有俄罗斯世界会是什么样？政治近视眼会造成何种后果？》，莫斯科，俄罗斯报出版社，2009 年，第 100—101 页。

② 《独立报》，2010 年 12 月 15 日。

发展。弗拉基米尔·普京对这种"双人体制"的解释倾倒
了许多人。他说："这是一个统一的指挥部，其内部确实会
在这样或那样问题上产生不同看法，但总归会在争论中作
出正确决定。"① 希望事实果真如此。

---

① 《独立报》，2010 年 12 月 30 日。

俄罗斯所面临的世界

　　给俄罗斯外部环境作出定性不是一件容易的事，然而，国家在选择对内和对外政策方向时很大程度上又取决于这种定性。早在俄罗斯联邦作为一个独立国家出现在世界版图之前冷战就已经结束。随着冷战的结束，世界上两个最强大的军事大国——苏联和美国在意识形态上的对立作为一个历史阶段成为了过去。两极世界的格局宣告终结。许多人，包括我国在内，都以为世界将走向单极化。对此似乎有一些说服力较强的结论：苏联、华沙条约组织（华约组织）和经济互助委员会（经互会）已经不复存在，国际舞台上只剩下了美国。现在它是世界上最强大的国家，不仅在经济和科技领域，而且在军事领域都无与伦比。美国及其盟友联合组建起来的北大西洋公约组织得以保留，而且实力还得到了加强。在这样一种环境下又怎能不让人想到单极世界？

　　冷战结束后人们得出单极世界的结论还基于下面两个前提条件：第一，美国赢得了冷战，而苏联则输掉了冷战；

第二，在冷战结束后的新环境下，美国依然在数量和质量上保持着超级大国的优势——在它的庇护下周围团结着一大堆国家。这些国家以服从美国指挥为代价确保自己的安全。用美国前驻莫斯科大使杰克·马特洛克①的话表述就是："在美国，人们把苏联解体当作一场军事胜利，因此导致了胜利凯旋情绪的产生和'世界上唯一超级大国'无所不能的感觉……例如，里根从来就没有说过我们赢得了冷战之类的话。他在自己的回忆录中写道：这是伙伴之间达成协议的结果……美国并没有赢得冷战，然而，美国的领导人们却开始表现出似乎他们是胜利者的姿态。"②

杰克·马特洛克不是唯一一位持有这种观点的人。有一位令人尊敬的资深政治家乔治·凯南③曾经把1992年老布什竞选总统时认为美国在冷战中取得了胜利描述为"是愚蠢和幼稚的行为"。

但是应当承认，并非所有人都像杰克·马特洛克和乔治·凯南这样认识问题，包括一些生活在莫斯科的人。在国际关系非意识形态化的鼓噪中，俄罗斯外交部开始行动起来，准备将俄罗斯驶入美国指定的航道并充当附庸国。这绝非出自偶然。一个精心设计的方案逐渐把作为一支独立力量存在的俄罗斯挤出世界政治舞台。这对我们国家来

① 1987—1991年美国驻苏联大使。——译者注

② 《美国新闻与世界报道》杂志访谈录，2010年1月22日。

③ 1904—2005年，美国政治家、外交家、冷战时期对苏遏制政策的首倡者。——译者注

说是一个致命打击。此种情况恰恰就发生在全世界都承认俄罗斯是苏联合法继承人，包括承认其联合国安全理事会常任理事国继承权的情况下。避免与美国发生对抗，这当然符合我们国家的利益，但是，当我国顺从地把自己捆绑到以美国为首的"文明西方"的战车上，当俄罗斯外交部长把剩下的世界称做"窝囊废"之时，俄罗斯的前景就不妙了，它就丧失了独立性，并且越来越深地陷入到美国冒险方针的泥潭。

鲍里斯·叶利钦总统并不了解国际事务详情，但无疑具有敏锐的洞察力。当我担任俄罗斯对外情报局局长时，他建议我去领导外交部。显然，他对我坚决反对单极世界格局的态度了如指掌。那时，我定期会见总统，向他汇报根据情报分析获得的对世界格局的判断。有一次，我向他提出一个问题：任命我为外交部长是否会有助于他在（1996年）总统竞选中获得连任？要知道，西方对俄罗斯外交部长的更迭，特别是任命我为外交部长决不会作出正面反应的。鲍里斯·叶利钦回答道："这也许会更好。"

通过建立单极世界来确立美国霸权的政策在美国越来越具有权重。北约东扩就是该政策的一种反映。这违背了美国和西方国家在冷战结束前向苏联领导人作出的承诺。美国单方面撤出旨在限制军备竞赛的反导条约，而且北约在未经联合国安理会授权情况下，只根据华盛顿的命令就轰炸了南斯拉夫，根本不顾及部分北约成员国领导人对该行动感到的不快。

这项政策的主要鼓吹者是美国的新保守派（新保守主义分子）。这些人在小布什任总统期间具有绝对影响力。他们创建了单边主义学说。根据该学说，在冷战结束后的世界里，美国应当承担起这样一种责任：独自判定哪些国家是威胁世界安全的国家，不需要联合国安理会作出决议就可以对这些国家动用武力。华盛顿所接受的这个学说，甚至可以使美国不用预先征得同盟国同意就采取行动。原本在北约内部有一个协商原则，然而单边主义却使美国绕过了这道障碍。

伊拉克成为了美国单边主义学说的实验基地。因此，这里有必要具体地分析一下，华盛顿为军事干预伊拉克所提出的理由是否具有客观性，美国占领该国的后果是什么。

美国为武装干涉伊拉克提出的借口是：美国中央情报局断定伊拉克生产了核武器。这是一条假情报。当小布什下令美国军队进攻伊拉克时，华盛顿就盛传这样一种说法：即使联合国特别委员会经过长时间核查没有发现核武器，美国的军事核查人员也一定会找到它。在美国军队占领伊拉克7年后，美国国防部长罗伯特·盖茨在拉马迪市逗留期间曾坦言："这场战争对美国人来说最大的问题是，我们采取军事行动所依据的那些前提条件和推测，认为萨达姆拥有大规模杀伤性武器都是想象出来的。"

准确地说，不是想象出来的，而是凭空虚构出来的。美国武装占领伊拉克后，既没有发现核武器及其生产的痕迹，也没有找到萨达姆·侯赛因政权与"基地"组织有联系的证据。关于这一点，小布什政府的代表也予以了证实。恰恰就是这些人曾试图营造一种有利于美国武装占领伊拉克的社会舆论氛围。

在武装干涉伊拉克过程中，美国还提出一个令人兴奋的目标：必须把民主带给伊拉克。需要对萨达姆·侯赛因政权进行民主改革，这本无可厚非，但是，这种改革不可能被输入，更不可能用强力输入，而且民主的形式一定要考虑伊拉克的民族特点，如历史、传统、宗教信仰和社会经济形势等。然而，小布什政府迫于保守派的压力，对于这些通行规则不予理睬，并竭力证明单极世界的存在。

美国武装占领伊拉克的后果彻底葬送了单边主义学说。美国对伊拉克的军事行动始于 2003 年，经过 7 年多时间，2010 年 9 月宣布结束占领——作战部队开始从伊拉克撤出。华盛顿保证，2011 年从伊拉克撤出 5 万名军人。美国在占领伊拉克期间究竟获得了什么？除了 5000 名官兵阵亡和 3.2 万人受伤之外一无所获。据统计，美国入侵伊拉克后，伊拉克损失的人数，包括内讧造成的伤亡人数，约有几十万甚至上百万。

我并不认为萨达姆·侯赛因政权的制度是理想的制度，特别不赞成他反对什叶派的政策。① 在萨达姆·侯赛因执政时期爆发过与什叶派的血腥冲突。那种冲突是什叶派与政

---

① 萨达姆·侯赛因统治下的伊拉克政权基本上是逊尼派掌权，当时伊拉克 60% 的人口是什叶派——伊斯兰教的一个派别。就全球而言，人数比例恰恰相反，逊尼派在穆斯林中占 90%。

府军之间的冲突，而非宗教性质的冲突。美国占领伊拉克后，什叶派与逊尼派之间的战争就带有了宗教性质，发生在清真寺里夺走数百名教徒生命的爆炸就是佐证。

美国占领伊拉克后，该国地区局势更加混乱。1966—1970 年间我作为《真理报》记者多次访问过伊拉克北部地区，根据莫斯科的指示负责弥合库尔德人与巴格达的关系，使其走向和平。当时，我与库尔德人首领穆斯塔法·巴尔扎尼建立了亲密并相互信任的关系。1969 年我结识了萨达姆·侯赛因。当时他还不是总统，是负责"库尔德事务"的官员。1970 年库尔德人与巴格达签署了和平协议，库尔德人获得了自治权，这在很大程度上是由于苏联斡旋的结果。我曾经问过老巴尔扎尼，他对伊拉克的库尔德人获得自治感到满意呢，还是想成立一个独立的库尔德国家？用老巴尔扎尼的话说，在现实自治情况下，"用棒子也别想把我们赶出伊拉克"。他还说："如果组建独立的库尔德斯坦国的话，那么伊拉克、伊朗、土耳其和叙利亚就会立即联合起来反对它。因为在这些国家的领土上集中居住的库尔德人就会竭尽全力地归入库尔德斯坦国。"2008 年在伊拉克埃尔比勒省省会，在与老巴尔扎尼的儿子、时任伊拉克库尔德自治区总统的马苏德·巴尔扎尼会面时，我从他口中也获得了同样的答案。不过，现在我对有关伊拉克库尔德人分离主义情绪不太强烈的观点持谨慎态度。美国武装占领伊拉克之后，库尔德人在北方的地位得到了加强，对巴格达的影响力也有所增加。似乎库尔德人与阿拉伯人之间发生冲突的苗头日益突显，特别是在将要划定库尔德自治区界限之时。因为，库尔德人想把基尔库克市和盛产石油的基尔库克区划归自己。

然而，伊拉克有可能分裂成若干部分的前景不仅仅只取决于库尔德问题如何解决。受伊朗支持的伊拉克什叶派也希望他们集中居住的南方地区独立。在武装占领伊拉克之后，美国试图寻求在伊拉克实行联邦制，但这个"权宜之计"并未获得足够的支持。

美国把消除伊拉克复兴社会党执政时期留下的痕迹当作头等大事。实际上这会促使伊拉克国家体制走向伊斯兰化。美国把并非根据宗教信仰原则创建起来的复兴社会党宣布为非法组织，并开始依赖于什叶派伊斯兰宗教政治组织联盟——以什叶派领袖哈基姆为首的"伊拉克全国联盟"和以政府总理马利基为首的"法律国家党"。毫不隐讳自己热衷于国家宗教化管理的德黑兰与这两个联盟①保持着密切合作，其紧密程度可以与激进的什叶派领袖萨德尔所领导的"迈赫迪军"的合作相媲美。

美国武装占领伊拉克的另一个后果是，把伊拉克变成了"基地"组织发起攻击的阵地。"基地"组织把恐怖组织成员从阿富汗集中转移到伊拉克，使阿富汗的"基地"组织获得了喘息之机。许多人曾发表谈话或写文章称赞美国的成绩，说它成功地利用金钱和提供武器使逊尼派一部

---

① 两个伊拉克什叶派政党——伊拉克伊斯兰最高委员会和伊斯兰号召党（达瓦党）是该联盟的基础。

样一个问题抽象掉。

美国在处理与他国关系时，其带有教训意味的"捍卫人权"动机未必完全消失。但是在巴拉克·奥巴马政府执政下，美国的这种动机已经退居到了次要位置。之所以出现这种结果，很大程度上是因为美国的阿富汗政策陷入了尴尬境地。众所周知，2001 年 9 月 11 日以后，华盛顿已经向恐怖主义宣战并领导了一个联盟，其核心任务是武装干涉阿富汗。然而，多年占领阿富汗的事实并未表现出美国与国家恐怖主义的斗争取得了明显成效。在这样一种情况下，美国强调，在阿富汗甚至在巴基斯坦部分地区可以扩大武力使用范围，这最终会导致一种负面效应——在全球范围内激化不同文明之间的矛盾。其实，这种基于宗教和文明差异而产生的矛盾的进一步发展，是二十一世纪最危险的转折性事件之一。当全球战争的威胁已经被历史性地推迟时，应该尽一切可能防止各种文明之间的斗争突显出来。

在我们新的世纪里，恐怖主义不是对人类的唯一挑战，核武器和其他大规模杀伤性武器的扩散对人类的威胁也不可小视。核俱乐部的所有成员国，包括俄罗斯和中国，所持有的立场同其他绝大多数非成员国一样，坚决反对拥有核武器国家的数量继续增加。目前，站在掌握核武器边缘的国家有朝鲜，而伊朗则因建造了核技术基地，有可能利用该基地生产出核弹头，这一点不言而喻。俄罗斯和中国都清楚其中的危险程度，因此在行动上遵循这样一个准则：通过和平方式阻止朝鲜和伊朗的核活动。可以认为，我们两个国家所秉持的立场对于阻止一些集团不计后果地鼓吹动用军事力量反对伊朗和朝鲜的行为发挥了重要作用。

应对其他威胁和挑战同样需要各国共同作出努力。在这些威胁和挑战中最突出的要数全球气候环境的恶化。2010和2011年发生的一系列事件就是明证。狂怒的大自然给成百上千万人的生命和幸福安康造成了巨大威胁。在预测和应对气候变化方面，集体合作显然是必不可少的。

总之，试图把二十一世纪变成单极秩序的思想已经惨遭失败，这是不争的事实。冷战时期的两极世界已经远离我们而去。今天的世界会走向什么样的秩序？尽管人们尝试回答这个问题的方式千差万别，但现实的政治家们的出发点无论如何都应该是这样一种共识：正在形成的世界秩序，一方面是客观现实的过程；另一方面应该将其看作是，能够满足国际社会对于巩固国际舞台稳定与安全需求的过程。一些人坚定不移地认为，多极世界体系早在上个世纪末冷战结束后就开始形成了。我也持有同样的观点。多极世界体系的形成预先就由各个国家发展的不平衡性决定了。在世界金融危机之前，也就是2008年之前，中国国内生产总值增长的份额在全球生产总值中的比例比美国高6倍。印度和欧盟的经济发展也快于美国。即使在全球经济金融危机期间，这种趋势也没有发生变化。

需要强调一点，各国发展不平衡也涉及到工艺技术这个最重要领域。美国在该领域依然保持着世界领先地位，但是，中国已经开始向它靠近。2008年在全球高科技产品出口总额中，中国的份额占 21％，同期美国的份额只占 13％，德国占 9.3％，日本占 7.1％。如果对全球科学技术进步的趋势进行推测的话，据许多专家判断，到本世纪中叶，中华人民共和国将有可能接近美国。但科学技术进步的中心仍将是联合起来的欧洲和俄罗斯，特别是在基础科学领域。

但是，许多政治家和政治理论学者不顾各国经济和科技发展极其不平衡这个客观事实，拒绝承认当今世界秩序具有多极化性质。他们越来越认识到（这里甚至还包括一些俄罗斯的政治理论学者），直接捍卫单极世界体系的观点存在缺陷，但还是强调，多极世界本身似乎否定了联合各国力量维护世界稳定与安全的可能性。我国有一位政治学者这样写道："关于这一点康多莉扎·赖斯表述得非常准确。"接着他引用了这位美国前国务卿文章中的一段话："一些人用惊叹的口吻、甚至带有怀旧情结的口吻谈论世界的多极化，好像多极世界本身就是个美好的东西，为了这个美好的东西也应该去追求它。可现实情况却表明，世界多极化向来就不是一个具有凝聚力的思想。它是一个必不可少的邪恶因素，虽然维持着世界的非战争状态，但从来就没有促进过和平的胜利。多极化是一种对抗理论、利益竞争理论甚至是更糟糕的价值观竞争理论。"[①]

在这里本末完全倒置了。我不晓得有哪位政治家或者

---

① 《独立报》，2008 年 9 月 16 日。

政治理论学者会有怀旧情结，追念第一次和第二次世界大战之前的那个已经逝去的多极世界。难道可以忽视下面这个无可争辩的事实吗？当今世界秩序格局的变化和世界向多极化发展均发生在全球化趋势进入新阶段条件下。这种状况导致的结果是，在世界向多极化发展的同时，其中各个不同的极之间的相互依存度不断提高。全球贸易额增长速度已经超过了生产总值的增长速度。企业经营的跨国性质成为了当今世界经济的主流。

　　全球化并不会使世界沿着螺旋式发展轨迹回到过去。二十一世纪的世界多极化与二十世纪的多极化截然不同。它本身不会导致国家间的对抗，也不会导致相互敌视的军事集团的形成，因为这种军事结盟的趋势已经明显减弱，代之而起的是国家间的一体化联合。这种联合主要表现在经济领域或者是为某个地区局势稳定而进行的政治协商方面。①

―――――――――――

　　①　我记得，在担任外交部长时，有一次出访印度回国后，我提出了由俄罗斯、中国和印度构成"俄中印三角"的构想。该构想不在于追求形式上的联盟，包括军事联盟，而在于追求这个"几何级别的庞然大物"角对角接近。它的存在本身就被赋予了维护广阔区域稳定的使命。该构想后来得到了发展，不管怎样它明显地促进了印度与中国的接近。人们都期望它们两国关系能得到改善。在发展双边关系的同时，"俄中印三角"的磋商机制也开始实实在在地展开。这种磋商毫无疑问会给各方带来好处。

　　就在不久前，出现了"俄中印三角"概念的扩大版——"金砖四国"。在原有"俄中印三角"基础上又增加了拉丁美洲的巴西，接下来是南非共和国。将这些国家联到一起的标准就是它们的共同特点：国内生产总值的增长速度相当快。当然，这对于它们共同应对在全球层面上出现的各种趋势特别是金融领域的趋势具有不可小视向多极化秩序过渡是一个过程，而非一蹴而就、立竿见影的变化。因此，过渡中所表现出的各种各样的趋势，有时甚至是相互矛盾的趋势便具有了重要意义。其中的一些趋势可能成为某些国家发展不平衡的缘由，还可能成为某些一体化联合体成功或失败的根源。这样，相对而言，主张重新启动各国关系的方针同某些国家秉承从冷战时期继承下来的植根于公开对抗的惯性路线之间的动态关系就会受到直接影响。这两种倾向的动态关系，既表现在政治领域，又表现在军事和经济领域。因此可以得出下面的正确结论：在全球化条件下，多极化世界秩序本身不会导致冲突和军事对抗，但也不排除在向多极化世界秩序过渡中也会出现某种极端的复杂情况。

现在又出现了一个与多极世界截然相反的概念"无极世界"。这是在两极世界秩序消失后出现的关于世界秩序的新概念，其发明之父是理查德·哈斯——美国国际关系委员会主席。美国世界安全研究所（前身是美国国防信息中心）俄罗斯与亚洲课题组组长尼古拉·兹洛宾为该题目写了一本专著《第二种世界新秩序》。"无极世界"理论在一

（续前注）的意义。对这个"四角共同体"概念作出定义的是高盛国际投资银行领导人之一、"金砖四国"术语的发明人吉姆·奥尼尔。2011年初，他再次提出将"金砖四国"范围扩大，不仅扩展到南非共和国，而且还包括土耳其、韩国、印度尼西亚和墨西哥，并将这些国家归入"增长市场"一族。吉姆·奥尼尔提出该建议是出于以下原因，他主张应该抛弃"发展中国家"这个概念，因为归入该范畴的国家经济增长速度千差万别。

段时间内曾经风靡一时，而且还受到了俄罗斯一些政治家的热捧。"无极世界"理论究竟是何面目？理查德·哈斯在美国《外交》杂志（2008年第3期）上撰文对它作出了描述，把无极世界——"在这样的世界里，权力分布在某种程度上相互平等的众多中心之上"——与多极世界——"这里权力集中在几个固定点上"——对立起来。尼古拉·兹洛宾所描述的无极世界是这样的："大国丧失了对国际事务日程的控制，地区问题和地区冲突上升到第一位，如伊朗、伊拉克、朝鲜、中东、阿布哈兹、南奥塞梯和科索沃等问题。大国经常会搞不清楚，对于某些复杂形势究竟该做出怎样的反应并采取何种政策。"①

　　"无极世界"理论拥护者的出发点是：今天看来，不仅单极世界是不可能的——这种认识绝对正确，而且用该理论来替代发展不平衡的几个极之间的对抗和竞争也是软弱无力的，因为"某些实力与政治影响中心已经不复存在"。

　　世界若干实力与政治影响中心的范围正在扩大，这毫无疑问是现代世界秩序的一个鲜明特点。但这绝对不是等同于要消除对"国际事务日程"的控制机制，使民族国家的作用几乎降为零，把那些发生冲突的国家（顺便提一句，在一些大国的参与下）变成国际舞台上的独立玩偶。

　　这样看待当今世界的形势极其肤浅。当然，"八国集团"已经不能再为国际事务日程安排做出任何决定，但是，

---

① www.inosmi.ru，2009年6月9日。

在这种情况下，人们强调用"二十国集团"来充当这种角色完全是正当的。显然，联合国安理会不应当在安理会组成问题上，首先是常任理事国成员问题上否定第二次世界大战后形成的状况，但问题涉及的并不是要取消安理会，而是要扩大安理会成员国数量。事实上，许多小国可以使一些地区的局势升级，然而，能够由此就得出这就是无极世界的结论吗？那么通常会如何看待这样一个确凿的事实呢：离开某些国家的直接介入，要消除这些地区紧张局势的危险源头是不可能的。要知道，按照"无极世界"概念发明人的解释，这些介入国在无极世界中已经不具有实力和影响力了。

　　"无极世界"思想的拥护者认为，无极世界不可避免地会导致混乱和不稳定。如何抑制这种趋势？理查德·哈斯非常肯定地写道："美国应该探讨一下国家行动计划失败的可能性以及如何消除失败所造成的后果等问题。这就提出了一个要求，必须建立并维护一个更加强大的武装力量，以便能够很好地应对像在阿富汗和伊拉克所遇到的那样的威胁。除了军事储备外，还必须建立平民预备役，以便富有成效地积累人才，使其为国家建设奠定基础。通过给予弱国经济和军事援助，我们可以确保这些国家在面对邻国和本国国民时成功履行自己的义务。"① 难道这一切不就是要恢复单极世界秩序的纲领吗？后来理查德·哈斯自己又

---

　　① 《外交》，2008 年 5—6 月，第 3 期。

同其他人一起宣布了单极世界的终结。

在关于当今世界秩序的争论中，世界多极化的观点占了上风。不管这乍看起来是多么令人难以置信，但毕竟是出自巴拉克·奥巴马政府之口。2010 年 5 月美国公布了《美国国家安全战略》。在将该文件提交国会之前，美国国务卿希拉里·克林顿和总统国家安全事务助理詹姆斯·琼斯会见了媒体代表。希拉里·克林顿在描述美国新战略特点时声称，准备接受当今世界业已存在的多极化的客观现实："我们不能容忍在这个大世界中有什么地方缺少美国的存在。但是，我们准备同所有国家合作并利用多极化的方法原则（解决国际问题）。我们愿意改变自己的方法，向多极世界和多伙伴关系方向转变。"根据她的坦言，在当今世界上，美国一个国家不可能解决任何全球化问题。建立单极世界秩序趋势的终止就是明证。用希拉里·克林顿的话说，美国追求的不仅是巩固与传统盟国的关系，而且还要巩固"与俄罗斯、中国和印度这些世界上主要国家的关系"。这是对"无极世界"的鼓吹者否认在世界舞台上大国对于形势发展方向发挥作用的理论的最好回答。为了确定这一结论，我们可以引用詹姆斯·琼斯的一段话："美国的战略重点在于加强'二十国集团'的作用。"美国对待世界格局与秩序问题的态度的转变，其所公布的战略与冷战后世界现实的接近，为多极世界各个中心之间相互配合创造了条件，以便应对共同的挑战和威胁，首先是国际恐怖主义、核武器扩散和自然灾害的威胁。这绝不意味着，世界各极之间的地缘政治、地缘经济和其他矛盾都已经化解，但是，这些矛盾不应该成为界定那些依然承担着维护国际安全义务者的政治本质的理由。过去导致第一次和第二次世界大战的多极对抗局面正在成为历史遗产。只能说是正在成为，而非已经成为历史遗产。这在很大程度上取决于，美国能否成功抵制那股坚信必须通过现代世界的单极秩序来保留美国霸权主义的力量。

在当今这个多维世界里俄罗斯究竟占据何种位置呢？首先需要说明的是，俄罗斯从苏联那里继承了所有自然优势资源。苏联解体后，俄罗斯依然是世界上国土面积最大、横跨欧亚两大洲的国家。俄罗斯地下埋藏着占世界三分之一强的自然资源。此外，俄罗斯还从苏联那里继承了全部，再强调一遍，是全部的战略核力量，现在依然是世界上唯一一个在军事战略力量方面可以与美国相抗衡的国家。

总体情况就是如此。然而，这些优势资源不会永久存在下去。要想使其具有可持续性，就必须作出不懈的不同寻常的努力。比如，当人们谈论大自然恩赐给俄罗斯的礼物时，应当引用下面一些事实，不管它有多么可悲：俄罗斯约有95%的国土分布在纬度高于西欧和美国北部边境线的地区。恰恰就在这些商品生产薄弱的地区蕴藏着占俄罗斯60-95%的自然资源——石油、天然气、稀有金属、森林等。另外，战略核力量需要不断进行现代化更新，这也会消耗掉很大一笔财政资金。

　　应当承认，对于俄罗斯这个世界大国来说，经济是最薄弱的环节，但是，尽管还存在着许多尚待解决的问题，我们还是有根据地认为，俄罗斯的经济会有所突破。如果为今天的俄罗斯经济形势定个性的话，我们可以信心十足地说，它已经度过了全球经济危机以来最为艰难的时刻。由于采取了反危机措施，俄罗斯成功避免了银行系统的崩溃，经济中出现了切实的复苏现象。这一点非常重要，因为我们不能允许居民生活水平下降的情况发生。还有一个现象也很重要，就是在俄罗斯追求经济现代化的人数与日俱增。我们还存在许多尚待克服的障碍，但它们不会扼杀俄罗斯经济发展的美好前景。

　　要确定俄罗斯在当今世界上的位置，就应当考虑下面一些因素，在维护世界稳定和安全方面我国应力求真诚地在国际舞台上充当一个主导角色并参与处理一些具体事务，越来越多地加入到世界经济体系中。在俄罗斯有一小部分居民错误地认为，在国内一大堆问题尚未解决之前，不应该彰显大国角色。当然，这些人不会起到左右我国对外政策的作用。持有该观点的人显然不明白，彰显大国角色的问题不在于这是我国的一种传统，而在于没有俄罗斯的参与，就算是可以一般性地应对二十一世纪人类面临的挑战和威胁，那也会很困难。不应当忘记的是，俄罗斯本身就是这种挑战和威胁的受害者。与此同时，我国积极参加国际事务无疑会减轻解决国内问题的压力。

　　我们不难发现，世界经济危机的发生并没有使俄罗斯像其他国家那样走出保护主义和孤立主义的困境并寻找新的出路。比如说，我国加入世界贸易组织的热情没有减弱，尽管从总体看来这是正面的，但同时也孕育着不同寻常的后果，俄罗斯代表团不得不在谈判中予以消除或减轻加入世贸后的不良后果。

美国总统巴拉克·奥巴马成功顶住了反对者的抵抗，把他和德米特里·梅德韦杰夫总统签署的削减进攻性战略武器条约提交到国会并获得了批准。这对于俄罗斯来说是一个至关重要的事件。许多人都不相信会出现这种结果，然而该条约却获得了批准。根据这个条约，在 7 年时间内，两国各自部署的核弹头数量将限制在 1550 枚，现役和预备役运载工具数量限制在 800 个。俄罗斯国家杜马也批准了"削减进攻性战略武器条约－3"（俄罗斯这样称呼）。接下来，双方对待战略性进攻武器（双方就该类武器的界限达成了一致）和反导防御系统之间的相互关系问题的态度便具有了决定性意义。许多美国人认为，已经签署的削减进攻性战略武器条约不会影响到美国单方面部署全球反导系统路线的推行，其中包括在靠近俄罗斯领土的东欧地区部署。持这种观点的人在美国国会占据多数。俄罗斯没有能力在反导领域与美国展开竞争，也不想这样做，因此，在这种情况下将不得不退出"削减进攻性战略武器条约－3"并加强进攻性核力量。关于这一点我们曾旗帜鲜明地警告过华盛顿方面。然而美国却指望，与当年的苏联相比不可同日而语的俄罗斯无疑会变得软弱无力，无法承担起这种任务。他们的这种企望毫无根据。在因两国间相互核威慑状态失衡而出现现实威胁的情况下，军事精英和社会爱国力量就会坚决动员必要的财力、物力和智力资源，防止在战略核力量方面出现威胁俄罗斯安全的变化。当然，俄罗斯极不愿意看到这种情况的出现，因为这样国家将被迫把部分资源，显然还是一笔不小的资源，投放到非社会需求领域和非民用建设领域。

谈到这个话题时，我不禁想起了上个世纪七十年代我与美国同行约翰·桑德斯的一段谈话。我们是在所谓的"达特茅斯会晤"期间相遇的。① 约翰·桑德斯曾经在美国外交部供职，当时他给我讲述了在加勒比危机时美国人曾经做的一个"小游戏"。这个"小游戏"设定的先决条件是，分析在不使用核武器情况下会出现怎样的局面。约翰·桑德斯领导了"红军"分队，并决定"不从古巴撤出导弹"。约翰·桑德斯描述说，敌对方作出的反应是这样的："对居民稀少的小城市实施局部性核打击"。于是，约翰·桑德斯代表自己的小分队停止了游戏，并声明道，在这种情况下，"红军"只有两种选择，要么用所有的核武器作为回应，要么军事占领克里姆林宫，别无选择。这真是很有教益的回忆……

我们的美国伙伴在解决部署反导系统问题时，要是能

---

① "达特茅斯会晤"是美国和苏联小组的定期会晤。由于两国缺乏官方渠道的定期接触，这种会晤在磋商紧迫的安全问题和地区冲突问题方面发挥了良好作用。

够预见到这样或那样短期的和长期的后果，并不忽视通过与俄罗斯的合作来实际阻止对全世界来说都很危险的军备竞赛，直截了当地说，避免双方都走进死胡同，这才是最佳选择。如果这种军备竞赛导致全球性核战争的话，那么该战争就会消灭地球上所有的生命。准备这样一场战争需要做出怎样的理智计算？我觉得，目前还没有人对此计算过。然而，大家普遍存在着一种恐惧，这种恐惧会起到不祥的作用。可能导致悲剧发生的偶然性依然存在着。总而言之，双方要努力增加互信。

来自国内与来自国外威胁之对比

看来，当今对俄罗斯的主要威胁已经不是来自外部而是来自内部。冷战的结束使全球性冲突的危险退居到次要位置。现在人们很难想象得出，北大西洋公约组织会突然对俄罗斯采取军事行动。在 2008 年 8 月格鲁吉亚被俄罗斯教训后，未必还有人，不管什么样的人，再敢尝试动用武力与俄罗斯解决问题，尽管有来自美国或北大西洋联盟的口头而非实际支持。2010 年 11 月在里斯本举行的谈判，为俄罗斯与北约就一些重要问题协调立场打开了大门。不管怎样，关于 8 月俄罗斯与格鲁吉亚的冲突会导致俄罗斯与美国、欧盟紧张关系加剧的预测未能得到验证。

当然，所有这些并不意味着我们应该放弃防御可能的外部威胁并确保自己的安全。需要关注的是，奥巴马总统重新启动的美俄关系具有某种不稳定性。2010 年 11 月美国国会中期选举使得奥巴马的反对者立场有所强化，其中包括在外交政策问题上。我们希望这不会威胁到两国关系，使其重新走向对抗。但是，俄罗斯和美国在战略核武器方面的实力旗鼓相当完全有可能导致这种结果。使俄罗斯与北约疏远的矛盾远没有得到解决，尽管可以认为，在里斯本北约大会上这些矛盾得到了某种缓解。

俄罗斯领导层非常正确地从来自国内的各种威胁因素中挑选出渗透到我国生活各个层面的腐败问题。根据国际反腐败组织统计，俄罗斯在"腐败指数评级表"中稳定地占据着后面的位置，2010 年 12 月在 179 个国家中排名第154 位，一年前为 146 位，2008 年为 147 位。

在经济领域，腐败制约着国家急切需要的健康竞争环境的形成。没有竞争就不会实现经济向文明市场的过渡，这在很大程度上会阻碍企业对明显陈旧的固定资产进行更新，不管是有形资产还是无形资产，影响企业利用高新技术和发明创造的成果。普遍的腐败还成为了俄罗斯吸引外国投资的绊脚石。我们可以列举出一大堆例证，许多外国公司提出的对于我国极为有益的投资建议都未被采纳，原因就在于地方政府没有收到风靡一时的足够数额的"回扣"。还能说什么呢，数十个企业家找到俄罗斯工商会，给我们描绘了一幅完整的画面：用他们的话说，在俄罗斯各个级别，凡是按照国家路线实施的项目，如果不给政府官员"回扣"，你一个项目也别想落实。

腐败的锈病腐蚀着国家，这无疑对国家在社会中的组织作用造成危害。在这种情况下，广大居民就会丧失对政府机构的信任。腐败的危害还在于，它会腐蚀社会本身，给社会道德以沉重打击。不仅如此，更加危险的是，人们居然对腐败习以为常、司空见惯，也就是说，在解决任何问题时与政府官员打交道都离不开贿赂，并且还认为这很正常。

总而言之，可以得出结论，不根除腐败，或者哪怕是不大大降低腐败程度，俄罗斯都无法实现现代化。而在透明的国际全球腐败指数排名榜上，我们将继续停留在令人可耻的最后位置。

究竟是什么因素影响着我国的反腐败斗争呢？首先是众所周知的制度漏洞，它可以使腐败分子金蝉脱壳。政府官员通常利用这个漏洞躲避反腐败措施的制裁。比如，一方面国家严格要求各级公务员准确填写自己、配偶及年幼子女的收入和不动产，但另一方面又允许政府官员把其拥有的财产填写在自己成年子女、亲戚和委托人名下，并对此视而不见。腐败就这样产生了。结果，中等收入的国家公务员事实上可以拥有豪华别墅、高档轿车等等。弗拉基米尔·普京曾提出一个举措，不仅要监督官员的收入，而且还要监督官员的支出。该措施如果能实施，无疑将具有更加积极的意义。

我国对腐败提起诉讼一般只涉及到一定级别，不会触及更高层级的腐败关系。对腐败案件司法调查的类似限制，会葬送掉与这种邪恶现象所作的斗争。在有限反腐斗争情况下腐败不可能被彻底根除。

但是，即使考虑到国内腐败具有普遍性，我依然不赞成号召发动一场全面围剿行贿者和受贿者的战争，因为这样会造成社会矛盾的集中爆发。这种矛盾浪潮如同套在国家脖子上勒紧的索套，会使国家失去平衡，让它无法继续发展。况且，同样叫"行贿"与"受贿"，但情况却千差万别，性质也不尽相同。还记得，在莫斯科大学经济系读研究生时，我与斯·阿·西塔良一起成为第一批搬进列宁山上莫斯科大学新校舍的学生。每一个研究生恰好分配到一个面积足够大的 11 平方米房间。得知宿舍管理员那里有小地毯，于是我们就请求他把地毯放到我们房间，为此还送给他两瓶好白酒作为酬谢。这是贿赂吗？如果一个知恩图报的患者向为他治好病的医生赠送礼物，应该起诉患者和医生吗？如果医生因为接收患者住院并为他治疗而索要好处费，显然就属于另外一种性质了。毫无疑问这是一种索贿行为。

俄罗斯经济发展部副部长安·克列帕奇在国民经济研究院讨论会上作了总结性发言，我非常欣赏他的那段讲话："我们应当做到这样：让俄罗斯的智力劳动和与创业相关的劳动获得可观的收入，而不是让与权力和自然资源相关的劳动获得可观收入。只有当俄罗斯的科学家、教师和医生能挣到数量可观的钱时，我们就会获得一个创新型经济，而不是一个仅出口石油、向国外输出美女和未来'诺贝尔奖'获得者的国家。"①

悬在俄罗斯头上的另一个仅次于腐败的威胁是工艺技

---

① 《新闻时刻》，2010 年 12 月 15 日。

术水平落后。关于这个问题我在前面已经谈论很多。这里只想补充一点：如果我们抓不住智力，如果我们不最大限度地把国家政策瞄准到创建能够阻止这种落后继续发展的综合条件上面，俄罗斯将不会拥有作为一个大国应有的未来。只靠在俄罗斯版图上建设几个"创新园区"是无法防止这种厄运的。现在需要采取坚决果断、能够解放全民族科学技术潜力的综合性措施。

前面已经谈到过关于俄罗斯联邦族际间和宗教间关系不平衡所带来的威胁问题。该话题直接牵扯到北高加索的复杂局势。迄今为止，中央采取了两种途径来调控局势。第一种途径是"卡德罗夫实验"。相对而言，它的初衷包括这样一些意图：当莫斯科承认北高加索领导人拥有更多权限时，车臣政府将在镇压车臣非法武装方面起主导作用。车臣发生的一些事件为选择该途径解决问题提供了许多有利论据。但是，这样做的成本很大，其中包括不得不同意地方政府拥有绝对权力。它不仅可以独断专行，而且还会摆脱法律的约束。第二种途径是"赫洛波宁实验"。相对而言，它主张组建北高加索联邦区，将社会经济措施与反对非法武装的强力措施相结合，目的在于使北高加索越来越向俄罗斯政府回归。

我认为，这两种途径都可以接受，因为事态发展会自然而然地对其做出修正。不过，与此同时还必须做到：不能只是一般性关注方案的实施，而是要从一系列客观实际出发来调整方案。这里，我们要面对的一个主要现实是，伊斯兰教的影响在增强。当今，伊斯兰教化浪潮是一个全球性现象。① 显然，我们应该考虑到下面一个事实：高加索并入到俄罗斯版图的历史仅有约两百年，而且是在世界伊斯兰教发展的下降阶段，而非上升阶段。今天的情形则不然，局势发生了根本性变化，任何忽视全球伊斯兰教的爆炸性发展对北高加索局势的影响都是错误的。

伊斯兰原教旨主义在北高加索的发展具有一系列特点。居住在西欧各国的穆斯林的主要诉求是：要求"名义国家"承认他们在妇女着装和生活方式上拥有特殊权利，也就是说，那里的穆斯林提出的要求以不违背所在国宪法为准。而在我国的北高加索地区"非法武装分子"开展武装斗争，提出了一个非常尖锐的问题，他们的目的就是要使现有的国家政权伊斯兰教化。许多青年人，我认为，绝大多数青年人走进丛林不是因为响应那个流传广泛、妇孺皆知的号召——为牺牲了的亲人报仇，而是因为在普遍失业情况下，这些青年人无事可做。不然他们是不会成为武装分子的。还有一个不该忽略的事实，就是人们已经不愿再容忍地方政府的腐败和越演越烈的违法行为，正是这种不断强化的不满情绪把许多青年人推向了伊斯兰极端主义分子一边。这种情绪在北高加索地区要比在俄罗斯其他地区表现得更加突出。

---

① 关于这种现象的原因在我的另一本书《没有俄罗斯世界会是什么样？政治短视会造成何种后果？》中进行了探讨。最新修订版，莫斯科，俄罗斯报出版社，2010 年。

　　为什么我要把俄罗斯北高加索地区同西欧各国相比较呢？穆斯林不论是在俄罗斯还是在西欧各国都是少数。伊斯兰教在世界范围内的兴起，会对这里和那里的穆斯林产生影响。但是，这两个地区的伊斯兰教徒在斗争的动机和方式上却截然不同。

　　当前在穆斯林居民占多数的国家里极端主义势力正在抬头。这种势力主要反对伊斯兰的世俗制度或温和政权。还有一点需要指出来，就是不应当认为，在整个伊斯兰运动中，凡是伊斯兰执政的国家都是极端主义势力的盟友，其中包括北高加索的极端主义分子。我们往往会犯这样一个常识性错误：既然北高加索地区的极端主义分子打着瓦哈比教义①的旗号从事活动，那么由瓦哈比教派执政的沙特阿拉伯就会支持这些极端主义分子。首先，我相信，我国的"瓦哈比教徒们"根本就不知道，阿卜杜勒·瓦哈比在十八世纪提出的教义同今天的圣战分子（伊斯兰极端主义分子）的思想存在着根本性差别。② 2008 年，我有机会与沙特阿拉伯国王阿卜杜拉进行了会谈。他不是第一次接见我，所以会谈超出了正式框架。当时我询问国王，如何看待极端主义圣战分子？沙特阿拉伯国王这样回答："我是温

---

　　① 在中东和中亚一些国家里伊斯兰教逊尼派原旨主义的一个派别。——译者注

　　② 2010 年俄罗斯出版了（美国）乔治敦大学穆斯林教与基督教对话中心研究员弥敦道·德隆－巴《穆罕默德·伊本·阿卜杜勒·瓦哈比的改革与全球圣战》一书的俄文版。我向所有对瓦哈比教义真谛感兴趣的人推荐这本书。

和伊斯兰教的坚定支持者。"

讲述这个情节完全不是为了说明北高加索的极端主义分子与中东激进的、极端的恐怖组织没有联系。但实质性联系——诸如提供武器，通过各种渠道提供资金，经验丰富的恐怖分子从外部渗透进来并通常担任犯罪团伙的指挥官等——并没有通过这些国家的政府来实现。这样判断问题非常重要，因为我们可以也应该把沙特阿拉伯、埃及、阿拉伯联合酋长国、卡塔尔、科威特、叙利亚、约旦等国领导，也就是说，把所有绝大多数居民都信奉伊斯兰教逊尼派教义（北高加索的穆斯林也是逊尼派）国家的领导看作是我们与北高加索伊斯兰圣战分子作斗争的潜在支持者。这些国家的领导人能够给予我们某种方式的帮助。

还应当指出，这里危险不仅仅在于几百个青年人加入到北高加索的武装斗争行列，袭击政府官员和对平民实施恐怖袭击。这种判断对于给北高加索形势，特别是达吉斯坦形势定性十分重要。真正的危险在于，广大地方居民并不反对这些武装分子，许多人还暗地里同情他们。在这种情绪氛围中要想完全遏制住伊斯兰极端主义分子的气焰是徒劳的，形势也不可能出现转机。

所有希望北高加索局势稳定的人，其绝大多数生活在俄罗斯，都应当清楚，这场斗争将是长期的，而且不会因击毙车臣匪首事件而告结束。在对武装分子保持强力高压情况下，我们还必须集中力量采取其他应对措施。有一项措施我们已经正确地实施了：大力发展处在落后状态的北高加索各共和国的社会经济。仅在生产设施建设阶段创造出的良好局面就可以供我们充分利用。这里是指，一些来自俄罗斯其他地区的高水平专家被派到了北高加索，他们大多是俄罗斯人（原有的绝大部分讲俄语的居民早已离开该地区）。这些专家与当地的青年人一起工作，特意把他们吸引到这些新建设项目中来，并为新项目的未来广泛培养地方干部。在建设大型生产企业的同时，我们还必须不断重视和发扬"高加索进取精神"，如扶持创建小型企业、组建农业消费合作社、旅行社等各类组织。国家发展北高加索地区经济投资战略的这种针对性为俄罗斯国家预算资金的划拨提供了选择余地，尽管是有限的选择。然而，国家划拨的资金通常会大部分落入到地方领导特权阶层手里，更准确地说是进了地方官员的腰包。

北高加索地区盛行伊斯兰教化，这在很大程度上是现实存在的客观反映。事实上，来自中央的大部分预算资金并没有被用到居民的需求方面，而是落到了与莫斯科某些官员有千丝万缕联系的人兜里。同时，不论政府采取什么措施，出于维护个人利益考虑，不管是自身利益还是"亲属利益"，当地居民都缺乏公民意识和社会参与积极性，或者说这种积极性异常微弱。

必须与地方政府的违法行为进行公开严厉的斗争。应该使当地居民特别是青年人参加到这场斗争中来。当然，这并非是件容易之事，需要考虑到北高加索地区的宗族制度特点和种族冲突因素。不管怎么说，坚持不懈地开展这种斗争是必要的。

在北高加索穆斯林居民中开展政治工作具有特殊意义。苏联时期，政治工作曾经利用无神论宣传和共产党统治的意识形态宣传，并且动员地方精英参加进来。今天已经时过境迁，情况大不相同了。无神论宣传对于作为一种宗教信仰的伊斯兰教是完全禁忌的。实际上，它对于其他宗教信仰而言也是一种禁忌。至于伊斯兰教，即使其自己推行反传统路线，包括反对穆斯林女性穿戴传统服装在内，也会产生负面效应。其实，现代化本身在很大程度上就会改变地方居民的某些日常生活习惯。与此同时，有必要开展政治斗争，反对把伊斯兰教诠释为暴力极端主义的意识形态。在这方面，对伊斯兰说教者的思想工作有着广阔空间。

目前我国的形势有这样一个特点，许多现任穆夫提①和想成为穆夫提的人正在国外接受相应培训。我们应该尽最大努力让这些人去国外那些以忠实于真正伊斯兰教而著称的培训中心接受培训。同阿富汗和巴基斯坦相比，一些中东国家在这方面更具优势。我们可以同这些国家建立专门联系，以确保培训的顺利进行。这项工作没有什么特殊性可言。大家都知道，中东各国的青年人根据现有的国家间教育交流协议就可以进入我国学校学习。

这里，我想引用拉多世界出版社总编尤里·米哈伊洛夫出版的一本书《先知穆罕默德的生命》中的一段话：

---

① 伊斯兰教教职称谓，教法说明官，高级神职人员。——译者注

"每当谈论在高加索究竟采取何种政策和如何考虑伊斯兰因素这些话题时，我都觉得耳边仿佛响起这样一个论点'保持中立化'。这种观点是不对的。事实上激进主义是无法根除的。因为它的产生绝对不是因为老生常谈的因素：社会经济不景气，也不是因为缺乏就业岗位。

"高加索地区所有冲突都基于对'正统伊斯兰教'如何理解。之所以一些穆夫提被人打死，是因为穆斯林正围绕宗教信仰问题展开一场斗争。然而，我们却缺少这样一批人，他们不是用自动步枪武装起来的，而是用知识武装起来的，目的是要与穆斯林对话……关于赛义德·布里亚特①事件不知人们谈论多少次了，说他是个带有精神病医院诊断证明书的半文盲。当他被击毙时，特种部队用一周时间大谈特谈自己的辉煌战绩。但是，当就这个人的事在互联网上向穆斯林民众发出呼吁时，不知为何却无人问津，也无人作答，没人给出鲜明答案，如何才能遏止这种半文盲类型的人得到复制。"我完全赞同他的观点。②

在北高加索地区可以看到，政府在精神控制民众方面权威性很低。苏联时期这里的精神控制是由官方路线的积极传播者来实现的。现在不仅没有这种可能，而且当人们

---

① 1982 年生于俄罗斯乌兰乌德市，曾赴埃及接受"圣战"培训，后在俄罗斯的印古什共和国制造了多起恐怖袭击事件，人称"俄罗斯的本·拉登"，2011 年 3 月 3 日被俄罗斯特种部队击毙。——译者注

② 《俄罗斯报》，2010 年 1 月 14 日。

怀疑某位穆斯林精神领袖与中央政府来往密切时，这位领袖就会失去在民众中的影响力。在地方领导人选举过程中，我们指定或推荐候选人，应该寄希望于那些具备与穆斯林信徒进行宗教对话能力的人。这些人不仅要寻求与穆斯林说教者有共同语言，而且还要避免把所有政治活动的任务都压到穆斯林说教者肩上。如果这些人宗教专业知识不足，那么可以通过阅读相关书籍来获得。

我不能忽略掉这样一个建议：鼓励当地居民向俄罗斯其他地区移民，并把它看作是稳定北高加索地区局势的措施之一。当然，这种在规模上化整为零和有组织的移民可以获得良好效果。但是，它同时也是一把双刃剑：规模移民毫无疑问会使移民集中想去的地区政治局势紧张化。

最近，为北高加索地区局势稳定而展开的斗争演变成了俄罗斯人的伤亡，在莫斯科和俄罗斯其他城市出现了一系列恐怖袭击事件。这是相当沉重的代价。但是，在北高加索地区局势没有根本好转之前，这种代价是不可避免的。没有其他选择余地。北高加索地区无论过去还是将来都将是俄罗斯联邦的一部分。

再论中东问题

　　我还是要详细谈谈我潜心研究多年的中东局势问题。首先谈谈中东调解的前景，这对于整个国际局势的健康发展具有非同寻常的意义。就在本书写作之时，恰逢巴勒斯坦与以色列的关系陷入僵局。应当承认，这里的主要原因是，以色列政府把自己的目标确定为：保持巴以现状不变并利用现有条件继续在约旦河西岸和东耶路撒冷修建定居点。显然以色列是在打赌：如果有一天不得不同巴勒斯坦人摊牌解决问题时，它将会处在非常有利的地位，使自己拥有更多更有利的讨价还价筹码。

　　为了"保全面子"，以色列内塔尼亚胡政府提出建议，无条件恢复与巴勒斯坦人的谈判。同时，根据美国《新闻周刊》杂志①的信息，以色列向美国提出了两个条件：第一，不管与巴勒斯坦人谈判结果如何，美国都有义务不再要求以色列暂停修建定居点；第二，美国应该声明，其主

---

　　① 《新闻周刊》杂志，2010 年 12 月 13 日第 10 页。

张暂停修建定居点的建议不涉及东耶路撒冷。可以想象，以色列开出的条件是美国所不能接受的，因为美国想竭力保持与阿拉伯世界的良好关系。我想，以色列政府在提出这些要求时，已经意识到美国是不会同意的。

由于情况发生了一些变化，以色列的这个路线便有了某种实现的可能。最主要的变化是，巴拉克·奥巴马总统最初提出的中东政策脆弱多变。他入主白宫后曾经声明说，中东调解政策是美国对外政策中优先考虑的内容之一，并首次站在与冲突双方保持等距离的位置上开始处理问题：承认有必要建立巴勒斯坦国，要求以色列停止在约旦河西岸和东耶路撒冷修建定居点，为恢复巴勒斯坦与以色列谈判而进行斡旋。米歇尔·奥巴马夫人作为美国总统调解巴勒斯坦与以色列问题的代表开始发挥积极作用。

但是该路线没有承受住美国国内政治形势骤变的冲击。2010 年 11 月的中期选举表明，让奥巴马政府回到最初的中东政策上去的指望是徒劳无益的。通常认为，这种情况只能发生在巴拉克·奥巴马赢得 2012 年总统大选之后。接下来的总统任期会给他提供放手一搏的机会。那么，假如他得不到这样的机会调解阿拉伯与以色列之间的关系并使其达成重大妥协呢？我实在不敢妄加预测美国 2012 年总统大选的结果。

以色列推行的旨在维持巴以现状的路线，由于下列因素而成为可能："四方"① 退居到次要位置。实际上其他三方已经同意美国在中东调解过程中的垄断地位，而"四方"的另外三方——俄罗斯、欧盟和联合国——处在被动地位。不论在试图影响第四方——美国方面，还是在自主行动方面都是如此。

事态的发展没有改变"四方"成员一致同意在莫斯科举行会议并就调解中东冲突问题进行磋商的决定。我们还清楚地记得莫斯科会议调解冲突议事日程的产生过程。站在美国立场看，这很可能是为了让俄罗斯加入到促进多边会谈的国家行列里所采取的一种手段。2007 年美国在安纳波利斯市组织了这次多边会谈。当时，受总统弗拉基米尔·普京委托，我在这次多边会谈之前飞到了中东，与以色列、巴勒斯坦民族权力机构、叙利亚、埃及和阿拉伯国家联盟首脑举行了会谈。我把俄罗斯的立场通报给各国，我们主张必须促成在安纳波利斯市的全面会谈，接下来把预计在莫斯科举行的会议作为该会谈的继续。叙利亚总统巴沙尔·阿萨德说，他派代表团去安纳波利斯市正是因为接下来有莫斯科会议。其他国家领导人也都很好地理解了俄罗斯的立场。但是，美国和以色列很快对在俄罗斯召开会议失去了兴趣。最终，俄罗斯也对在莫斯科举办会议"失去了热情"，因为已经认识到在该会议上将没有什么实际内容可供讨论。

---

① 所谓的"四方"是由联合国安理会组建，成员有美国、俄罗斯、欧盟和联合国，目的是调解巴勒斯坦与以色列的关系。

巴勒斯坦运动的分裂促使以色列内塔尼亚胡政府把赌注下在了保持巴以现状上面。这也导致了巴勒斯坦谈判代表地位的骤然削弱。看来，是以色列特工把巴勒斯坦营地的激情点燃起来的。不管怎样，正如哈马斯政治领导人马沙尔所说，以色列故意不理睬他的组织所采取的行动。他认为，这些行动可能被认为是正面的。我向他提出一个问题：为什么哈马斯不承认以色列？其实，大家都心知肚明，以色列的存在已经是客观事实，所有国家都承认了这个事实，其中包括阿拉伯国家在内。阿拉伯国家联盟接受了沙特的和平倡议：为了解放 1967 年被占领的土地而与以色列实现和平。马沙尔回答说，考虑到单方面承认以色列后的局势，哈马斯有可能失去自己的选民。但他补充说，在确定必须在以色列占领区建立巴勒斯坦国的情况下，而不是在别的情况下，我们可以实际承认以色列的存在权。然而，接下来并没有出现任何积极反应。

与此同时，阿拉伯世界整体上对调解以色列与巴勒斯坦关系的兴趣也日显淡漠。它把自己的注意力越来越集中到内部问题和在中东重新部署力量方面，因为在伊拉克抗衡力量缺失的情况下伊朗正在逐渐变成地区大国。

以色列内塔尼亚胡政府推行保持巴以现状方针，显然是为了提高来自以色列社会的支持率而下的一个赌注。引人关注的是，内塔尼亚胡在坚决反对停止在 1967 年占领的土地上兴建新的定居点的同时，积极要求巴勒斯坦人承认以色列国家的犹太性质。从这里可以看出，他竭力想安抚以色列这样一些人，他们认为，不与巴勒斯坦人达成相关协议以色列就会丧失本民族性质，而客观上成为双民族国家。这部分人要求巴勒斯坦承认以色列是犹太国家。实际上这是要求第二次获得承认。因为早在 1947 年由联合国作出决议组建以色列之时它就具备了这种性质。在要求第二次确认的背后，可以看出以色列对阿拉伯居民某种形式的歧视政策。在 2010 年 9 月 10 日国际人权保护日那天，特拉维夫爆发了有几千人参加的示威游行，抗议以色列出现威胁民主的极端主义情绪。

这样就可以有根据地认为，鉴于现实形成的局面，调解以色列与巴勒斯坦关系的行动可能被推迟到某个最佳时刻来进行。我们可以尝试性地预测一下，在这种情况下局势将如何继续发展。

第一个预测。在巴勒斯坦方面，各种政治力量之间进行重新洗牌。哈马斯过去和现在都声明，在现有条件下试图推进巴勒斯坦与以色列的谈判毫无意义。这样一来，哈马斯必然会不断加强自己的影响力，以便达到使巴勒斯坦温和派领导人丢掉约旦河西岸领导权的目的。不管怎样，法塔赫与哈马斯在反对以色列这个共同基础上相互接近的倾向会得到加强。

在这种形势下，巴勒斯坦单方面宣布成立巴勒斯坦国的几率就会增加。虽然以色列、当然还有美国不承认巴勒斯坦国，但是，在正式宣布成立巴勒斯坦国之前就已经有一些国家率先承认了它，比如巴西、阿根廷等国家。中东紧张局势正在加剧：恐怖袭击和以色列导弹袭击又一次卷土重来，以色列在约旦河西岸和加沙地带采取了军事行动。这些事件转变为新一轮巴勒斯坦人反对以色列占领的斗争浪潮，同时，它们的发生还会伴随着日益增强的不利于以色列的世界舆论。难道以色列政府、包括其外交部长阿维格多·利伯曼在内所关注的就是维持这样一种现状吗？阿维格多·利伯曼曾经声称：与巴勒斯坦人的和平共处只能经过几代人的努力才能实现。

第二个预测。叙利亚与以色列的关系有可能恶化。在以色列继续推行扩大犹太人定居点政策情况下，叙利亚与以色列妥协的余地将不可避免地减小。在以色列的政治精英中有这样一些人，他们愿意把改善与巴勒斯坦人的关系往后放，先集中精力解决与叙利亚的关系。比如，以色列前外交部长沙洛姆·本阿米就认为，同叙利亚改善关系"要比与巴勒斯坦的谈判陷入僵局更加现实并切合实际"。我坚信，在与巴勒斯坦的谈判走出僵局之前，以色列与叙利亚的关系不会得到根本改善。以色列除了与巴勒斯坦人达成协议外，没有"与叙利亚达成和解的选择余地"。

第三个预测。众所周知，1979 年埃及与以色列签署和平协议后，两国关系表面上还是比较冷淡的，尽管互设了大使馆——以色列大使馆设在开罗，埃及大使馆设在特拉维夫——实现了高层互访和贸易往来，实际贸易额却很低，每年仅 5 亿美元。不过，最主要的成果是，双边还保持着秘密磋商机制，促使埃及有效抵制了通过西奈半岛向哈马斯控制的加沙地带偷运武器的行为。

中东局势将会越来越多地打上"埃及因素"的烙印。当我正在写这部分内容的时候，埃及国内的紧张局势还没有出现缓和迹象。关于这一点后面会详谈。许多以色列人，还有许多非以色列人都乐于接受埃及武装力量最高委员会在从穆巴拉克手中接过权力后发表的声明。声明称："阿拉伯埃及共和国将全面遵守前政府的地区义务和国际义务，以及与以色列的和约。"但是，时间会证明这种保证的可信度有多大。正如以色列联合参谋部规划局负责人阿米尔·埃莎尔少将所说，"对于以色列而言，很难掌控埃及局势及其后果"。以色列主要担心，埃及国家制度的变更会削弱以色列对哈马斯控制的加沙地带的封锁。据美国《华尔街日报》记者观察，"一些以色列前军人和情报部门代表公开宣称，以色列应该准备重新占领加沙地带"。① 难道臭名昭著的维持现状，换句话说，以色列在调整与巴勒斯坦人关系方面的不作为要比两国关系的发展前景更重要吗？

第四个预测。由于阿拉伯与以色列的关系缺乏调解机制，极端圣战主义必然会活跃起来，而且还会利用温和伊斯兰教派达到目的。极端主义力量不仅仅是局限于中东地区的各种恐怖活动的根源。不管我的观点多么令人难以置信，今天同国际恐怖主义作斗争的主要方向不应该是美国采取的不断受挫的军事占领阿富汗的行动，而应该是公正

---

① 《华尔街日报》，2011年2月10日，A－15版。

解决巴勒斯坦问题。

这样的话，就可以得出结论，在巴勒斯坦与以色列关系上维持现状，其结果是客观上对所有各方都不利，不仅对巴勒斯坦和以色列不利，而且对阿拉伯国家和全世界整体都不利。如何走出业已形成的困局？难道期待以色列中间派执政就可以与巴勒斯坦人达成协议吗？这种期待恰恰会造成巴以现状得以拖延的危险局面。

我认为，在目前条件下必须促使"四方"积极发挥作用。当然，最好在"四方"基础上，通过吸收地区大国来扩大调解者范围，甚至包括中国、印度在内。制定巴勒斯坦和以色列相互妥协的调解方案，而不是"路线图"（我再强调一句，是相互妥协的方案）：

关于巴勒斯坦国边界划定问题，可以通过小部分领土交换来实现。在这方面利用埃胡德·奥尔默特①任以色列总理时与巴勒斯坦人讨论过的工作成果很适宜；

使用领土划分的方法来决定东耶路撒冷命运问题。可以把克林顿中东计划中关于该问题的建议作为讨论基础；

把难民返回权与难民返回的现实区分开来，可以考虑给予难民补偿或把愿意返回巴勒斯坦国的基本群众遣返回国。

不言而喻，必须预先采取措施确保两国安全。

接下来，巴勒斯坦国与约旦组建联盟可能会成为调解

---

① 以色列政治家，2006年5月至2008年9月任总理。——译者注

双边关系的内容之一。

可以把集体制定的计划推荐给当事国各方，并使该计划向整个国际社会都可以接受的方向发展。我坚信，这会改变整个中东局势，有助于国家关系改善，也有利于以色列本身。当然，事情并非如此简单。然而，以色列的不作为会令所有希望中东地区稳定的人们的努力前功尽弃。

但是，正如2011年初发生的事件所证明的那样，中东局势的稳定已经不仅仅取决于阿拉伯世界与以色列冲突的调解工作。1月份突尼斯爆发了内乱，几十万人走上街头游行示威，要求总统本·阿里辞职。最后他逃亡到了国外，引起抗议者极大愤怒的政府部长们被赶下了台。新政府发表声明，将进行大刀阔斧的改革并准备进行议会和国家领导人选举。看来，就此下结论还为时尚早。

接下来没过几天埃及也爆发了内乱。埃及事件的发展更具有悲剧色彩。发生了持续多天的规模宏大的抗议游行，人们高喊口号反对胡斯尼·穆巴拉克总统，要求他下台。民众广泛抗议（突尼斯也曾上演了这一幕），反对掌权者腐败、反对贫困和广大居民失业，而在这种背景之下衬托出的则是政府高官聚敛的巨额财富。

两位总统——一位是突尼斯总统，另一位是埃及总统——都是在位多年的国家领导人（穆巴拉克在位30年），都以反对伊斯兰极端分子和恐怖主义而著称。在埃及，主要的伊斯兰组织——"穆斯林兄弟会"在前一次议会选举中赢得20%的席位，但却被穆巴拉克取缔。该组织的许多成员被关进了监狱。所有这些在人们脑海里留下了一种印象，初步本能地评价发生在突尼斯和埃及的事件，大家都会认为抗议者带有伊斯兰教色彩。但是，根据各种不同电视台的报道，在游行示威者中既看不到伊斯兰教口号，也看不到绿色旗帜，更听不到伊斯兰教的号召。埃及一些示威者高举纳赛尔的画像，尽管这不是普遍现象。也门抗议者也手举纳赛尔的画像，喊的口号也与埃及人喊的相似，要求总统下台。然而，这并不能证明目前反对独裁政权腐败行为的运动具有"纳赛尔根源"。很可能人们表现出的是怀旧情结，他们怀念起那个号召阿拉伯人团结起来的口号得到广泛响应的年代。

伊朗精神领袖阿亚图拉·哈梅内伊把该事件称作为"伊斯兰革命"，革命的对象是曾经与美国和以色列合作（他使用了另外一个词）过的穆巴拉克，而沙特阿拉伯的大穆夫提则把埃及发生的反独裁政权事件称作为"伊斯兰教的敌人及其帮凶的阴谋"。两位宗教领袖对开罗事件直接作出彼此完全相反的评价，这很能说明问题。我觉得这种反应可能不是出于宗教而是政治的考量。

我们可以得出的唯一结论是，开始于突尼斯、后来波及到埃及和其他阿拉伯国家的大规模群众性抗议活动并没有经过任何政治力量，包括伊斯兰教在内事先组织策划过。

这决不意味着埃及的一些非政府组织毫无动作，特别是年轻的"四月六日运动"组织。① 在突尼斯革命性事件爆发后，该运动成员，据统计有70000名，主要通过"脸谱"和"推特"社交网站联系在一起，在网上呼吁民众参加反对穆巴拉克的游行示威。非政府组织"够了"在事件中也充当了重要角色。

从各种迹象看，在开始阶段事件并没有受到外来因素的影响。在美国居然出现了要求谴责情报机构的呼声，因为它事先没有向白宫提供埃及将发生爆炸性事件的情报。埃及事件发生时，正逢我在美国华盛顿参加会议。这是一个由两国科学院组织的讨论巴勒斯坦与以色列冲突调解问题的会议。美国方面参加会谈的人有许多是曾任外交部高官的著名外交家、在阿拉伯国家和以色列工作多年的驻外大使和在任的外交部官员。这次我有幸与一些颇为博学多才的过去的同行会了面，其中包括马伦·奥尔布赖特。会上给我留下的唯一印象是，有如此多的人发言反对那些被认为是美国可靠伙伴的阿拉伯国家的政治制度。这些发言已经使华盛顿方面变得麻木了。

新闻媒体上出现了维基解密网站透露出的一则消息。该网站公布了美国驻开罗大使玛格丽特·斯科比的一封电

---

① "四月六日运动"组织成立于2008年春季，目的是支持计划在大迈哈莱工厂举行罢工的工人。该运动后来组织了一系列互联网论坛。在论坛上讨论了下列一些问题：埃及经济萧条、政府腐败、要求言论自由等。埃及政府不止一次地镇压该"运动"组织的领导人，控告他们煽动反对政府。

报。在电报中她向华盛顿通报了与一位年轻人进行会谈的情况。这位年轻人曾提出一份代表"四月六日运动"组织的目标极不切合实际的"路线图"方案。该方案提出，在2011年9月大选之前用议会民主制来替代现有制度。根据2008年发出的这封密电判断，美国大使馆与反对派组织保持着联系。不过，以此断定这种联系的存在，似乎证据不足，尤其是以此来证明埃及爆发的事件是美国插手的结果，就更缺乏说服力了。

总而言之，我们可以得出结论：许多人的惯性思维是，二十世纪后半叶阿拉伯国家的革命进程已经终结，反对殖民主义革命的阶段告一段落。看来，人们（包括我在内）低估了现代化对阿拉伯世界社会的影响，特别是对青年一代的影响。互联网和移动电话的普及使得"组织"那些对贫穷、失业、压制民主和腐败深恶痛绝的人们走上街头成为可能。这种状况在埃及事件的初期表现得尤其明显。

埃及政权动摇了。开罗电视台播放了胡斯尼·穆巴拉克讲话录音。该讲话经过了精心处理。总统说，在即将来临的2011年9月埃及国家总统选举中将不谋求参选，确保通过民主方式将权力移交给新领导人。他承认有必要进行改革并同腐败进行斗争。与此同时，他还强调说，放弃总统职位后不离开自己的国家，死后（胡斯尼·穆巴拉克已经82岁）将埋葬在自己祖先的土地上。政府被迫解散，前埃及空军总司令、2002年起任埃及民航部长的艾哈迈德·沙菲克被任命为新总理。同时奥马尔·苏莱曼将军被任命为副总统。多年来胡斯尼·穆巴拉克一直抵制对该职位的任命，不任命任何人做副总统。

有根据认为，任命苏莱曼将军为副总统有取悦于美国之嫌，因为美国人希望他能在胡斯尼·穆巴拉克离去后使埃及局势保持稳定。奥马尔·苏莱曼将军今年 74 岁，多年来他一直担任情报局长，完成了许多最复杂的任务，其中包括出面调解巴勒斯坦两个对立政治派别哈马斯和法塔赫和解，但事实上无功而返。

首先，奥马尔·苏莱曼将军建议与游行示威者进行谈判。他采取的措施不仅限于此，他还建议与"穆斯林兄弟会"进行谈判，此时已经顾及不到该组织在埃及还处于非法状态。显然，他是想防止局势向最坏处发展，也就是向伊斯兰派试图掌控反政府运动的方向发展。

然而，游行示威者一面倒的压力已经不可能促成这种谈判。当时抗议者的核心要求是，穆巴拉克必须立即下台。人们骑着骆驼和马匹冲入开罗解放广场，于是冲突开始了。冲进广场的反对派抗议者十有八九是贝都因人①。电视台记者报道说，亲穆巴拉克力量（这股力量一出现就被冠以该名称）的成员中甚至还有穿便衣的警察。不管怎样，在没有穿制服的警察出现之前，这股力量还处在初级阶段，还没有能力与示威者抗衡，于是离开了开罗的街道。军队强调不介入该事件。驶到开罗市中心的坦克全部停车熄火，

---

① 阿拉伯半岛和北非地区游牧和半游牧民族。——译者注

坦克兵没有钻出炮塔。反穆巴拉克力量同亲穆巴拉克力量相互争斗起来，局势处于胶着状态。

流血冲突造成了伤亡，包括新闻记者，这引起了世界上许多国家的愤怒。电视转播设备，包括埃及电视台的转播设备均被转移至"安全地带"。

有这样一些人，他们竭力想证明似乎积极反对穆巴拉克独裁制度的行动仅局限于小摊小贩，是这些人组织了解放广场上的示威游行。一些人甚至还计算了该广场能够容纳多少人，并把这个数字与埃及8000万人民相对比。在描述反对派人士时，有人把关注的重点放在了"智者委员会"上面，由文化界、商界和离职部长们组成的团体这样称呼自己。他们远非是唯一可被列入反独裁制度队伍中的人。与此同时，工会组织、青年联合会和妇女联合会也不断积聚力量。正如开罗报纸《金字塔报》和《共和国报》所报道的，"'穆斯林兄弟会'的青年和妇女分别脱离了该组织主体，合并到了左翼的"四月六日运动"组织中"。2月9至10日埃及经济停摆，部分或全部企业停产，银行关闭。

在这种形势下，华盛顿在经过最初的休克后马上表现出异常活跃态势。此前与胡斯尼·穆巴拉克总统通过几次电话的奥巴马总统公开声明，胡斯尼·穆巴拉克必须马上下台，埃及必须"发展民主"。美国与埃及副总统奥马尔·苏莱曼一直保持联系，在大选之前他是美国政府可以接受的穆巴拉克的继任者。五角大楼高官与埃及军方保持着非常积极的联系。美国还紧急派遣资深外交家和与埃及有影响力的政要保持联系的官员去开罗协助美国大使工作。显然，游行队伍中出现了反美口号，这件事对于美国积极参与埃及事务起了不小作用。

总而言之，华盛顿冲动不已，它急于寻找一种可以使美国一箭双雕的解决办法：一方面使美国依然保持民主变革忠诚卫士的形象，另一方面在埃及政权中能保留既可抑制民主失控又可被美国所接受的政治力量。华盛顿没有忘记，埃及是阿拉伯世界中人口最多和最有影响力的国家，苏伊士运河就在该国领土上，这可是美国超级油轮运送石油的主要通道。美国国务卿希拉里·克林顿在第一届美国全球驻外大使会议上发表的声明非常说明问题。她说，她认为美国的外交官们忽视了埃及、突尼斯和其他阿拉伯国家所出现的最新事件，因为过分拘泥于"不走出大使馆围墙"的解释。希拉里·克林顿承认，"当我们计划举行这次会谈时，曾希望二月初将会是平静的。然而，整个中东最近的局势表明，土地会多么快地从我们脚下溜走，对我们来说，在世界保持领先地位是何等重要"。

此时，埃及军界高层走到了前台。2月9日开罗电视台播放了埃及武装力量最高委员会会议情况，会议上既没有胡斯尼·穆巴拉克的身影，也见不到奥马尔·苏莱曼将军。委员会通过了一号公报，其中指出，必须接受埃及人民的正义要求。美国中央情报局局长帕内塔在美国发表声明说，"我期待着今天晚些时候胡斯尼·穆巴拉克能放弃总统职位"。该声明绝非出自偶然，2月10日胡斯尼·穆巴拉克果然出现在电视屏幕上并宣布辞职。但是，他的辞职仅限于将自己的部分职责移交给奥马尔·苏莱曼将军，声称他想立即离开总统位置，但做不到，因为担心国家会爆发混乱。同时他还强调说，他领导的政府对发生在解放广场上的冲突事件不负任何责任，把全部责任都推到了令他反感的"穆斯林兄弟会"身上。穆巴拉克此举是想博得坚持要求他辞职的美国的好感，从而防止民众向他的政权发起全面进攻（与此同时，埃及总理一个劲地为发生的事件公开道歉并承诺要进行调查）。

2月11日早晨，埃及武装力量最高委员会发布了第二号公告，宣布支持胡斯尼·穆巴拉克的决定。可见，这时国家高层仍然秉承中间路线。

在埃及，军队必须保持应有的作用。埃及军队是非政治化组织，与纳赛尔执政时期完全不同。但是它依然起着非常重要的作用。自从法鲁克国王被推翻后，该国的四位总统——纳吉布、纳赛尔、萨达特和穆巴拉克——都是军人。埃及有一半以上的省长是军人出身。国家很大一部分经济受军人掌控。著名电视台"半岛电视台"断言："军队广泛参与埃及的商业活动，拥有酒店、建筑公司和各类工厂，可掌控埃及两成以上的经济。这意味着军方每年的收入达到几十亿乃至上百亿美元。这笔资金有助于军队高层中的一些人攀登到埃及金融特权阶层的更高一级。多年来，军队的商业活动遍及筑路、机场修建、食品和生活必需品生产等领域。"①

　　我觉得，在这里插叙一段回忆还是很有意义的。1967年中东"六天战争"结束以后，当时作为《真理报》驻开罗记者，我和同事伊戈尔·别利亚耶夫写了若干文章，刊登在《国外》周刊上。其中一篇文章探讨了埃及在"六天战争"中失败的原因，题目是《军人资产阶级的奇观》。当时，苏共中央紧张起来，因为这不符合苏联共产党意识形态的刻板公式。按照苏共中央的意识形态，埃及和其他一些国家已经被宣布为具有社会主义倾向的国家。当一位机关负责人把这个问题报告给中央后，我们俩感到了非同寻常的威胁。最终还是纳赛尔帮助我们把威胁排除掉了。在一次与苏联驻埃及大使谈话时，纳赛尔对文章作者关于军人资产阶级的观点表示了赞同。之后这位大使将埃及总统的原话用密码电报报告给了莫斯科。

　　客观地说，穆巴拉克政权原则上很符合军队高层的利益。但是，军队并没有采取行动镇压反穆巴拉克游行，显然这起到了适得其反的效果。必须承认，鉴于事态不断扩大，军队后来不介入和保持"中立态度"具有积极意义。不过，军队下级军官对反独裁抗议者"表示同情"的情绪开始出现或更准确地说是明显表现出来。这成为了埃及军方高层避免直接支持穆巴拉克的又一个原因。

　　2月11日奥马尔·苏莱曼发表了电视讲话，他声明说，

---

　　①　www.aljazeera.net，2011年2月6日。

胡斯尼·穆巴拉克已经辞去总统的所有权力。之后，奥马尔·苏莱曼便从事件的舞台上消声匿迹了。武装力量最高委员会成立了国家宪法修改委员会。随后进行了全民公决。在公决中，绝大多数人赞同修改宪法，主要是限制总统任期。部分年轻人仍然感到不满，因为他们认为应该制定一部新宪法。官方宣布，"过渡时期"将在自由选举后结束，届时军方将把权力移交给民选总统。

埃及的革命浪潮将如何终结，时间会证明一切。不过，有一点很清楚：埃及会发生重大改变，会对所有中东国家产生影响。其实，它的影响已经产生，如也门、巴林、利比亚爆发了革命性事件，约旦和叙利亚民众掀起抗议浪潮等。

当然，在所有这些国家里，民众普遍对现有政权不满。但是，不满情绪产生的原因和反对势力的性质不尽相同。差别在于各国民众的要求和反政府活动的规模不同。从外部干涉的角度看情况也迥异。

巴林事件在很大程度上带有伊斯兰教的内部矛盾色彩：占居民人口70%的什叶派走上这个弹丸之地的阿拉伯岛国的街头，喊出了反对逊尼派高层控制的现政权的口号。自从巴林修建了把这个岛国与沙特阿拉伯连接起来的大坝之后，哈马德·阿勒哈利法国王的王位及其身边人（由3000人构成，都是国王家族成员）的无上权力才得以保留。因为修建了大坝，才使巴林从沙特阿拉伯引进1000名士兵和从阿拉伯联合酋长国引进500名警察成为可能。这些军警进入巴林后打出的旗号是：海湾阿拉伯国家合作委员会。加入该委员会的国家都是逊尼派领导的国家，它们有巴林、卡塔尔、科威特、阿联酋、阿曼和沙特阿拉伯。

这种来自外部的干预并非特例。巴林领导层指责伊朗挑唆反对派掀起反政府运动。我不认为沙特军队开往巴林事先没有与美国人协商。美国对待中东一系列反政府抗议活动的政策越来越多地受到"伊朗因素"的影响。据一位曾经与美国高级官员会过面的欧洲人士称（《华尔街日报》在介绍消息来源时就是这样表述的）："美国对中东发生的事件做出的所有回应都是经过深思熟虑的，看它对伊朗是有害还是有利。"① 再说，沙特阿拉伯和巴林都是美国的盟友。显然，华盛顿方面已经得出结论，美国可以发表有利于在中东实现民主变革的声明，但不应当失去盟友，如在突尼斯本·阿里和埃及穆巴拉克身上发生的情况那样。

叙利亚发生的事件比较独特。当西方国家，遗憾的是有时我国的电视台也是这样，在夸大叙利亚反政府抗议游行规模的时候，出现了这样一些奇怪现象：播音员正在报道反政府运动，而电视屏幕上却出现了高举叙利亚总统巴沙尔·阿萨德画像的场面。叙利亚人民以及其他阿拉伯国家的人民是否想实行民主改革并使国家经济繁荣呢？答案无疑是肯定的。但是，这与抛弃现有政权的做法并非等价。毫无疑问，抛弃现有政权只是符合那些想控制大马士革，

---

① 《华尔街日报》，2011 年 3 月 23 日。

特别是要削弱——如果不是切断的话——大马士革与德黑兰联系的人的意愿。2011 年 4 月 18 日《华盛顿邮报》援引维基解密网站的消息写道，"美国外交部秘密资助了叙利亚政治反对派。"

巴沙尔·阿萨德显然表现出了灵活性：改组政府，宣布进行政治和经济改革，创造更多的就业岗位，改革司法制度，采取反腐措施。具有特殊意义的是取消了持续近半个世纪的紧急状态。

与此同时，叙利亚在镇压反政府抗议活动过程中发生了流血事件，这对于政府来说可能会导致最负面的后果。

其实，所有出现动荡的阿拉伯国家的领导人，不管是新执政的还是长期在位的执政者，都对抗议活动做出了让步。沙特阿拉伯国王的让步是预防性的、先发制人的。他们拿出 360 亿美元分给自己的臣民，给国家机关公务员提高 15% 的工资。此外还承诺，到 2014 年之前拨款 4000 亿美元用于改善教育、保健和地方基础设施。

邻国也门的反对派与阿里·阿卜杜拉·萨利赫政权之间的流血冲突令沙特阿拉伯不安。也门的抗议者要求萨利赫立即下台，而萨利赫还在硬撑着，尽管最有影响力的部族和许多也门军队的军官和士兵都站到了抗议者一边。由于最初给予萨利赫暗中支持的华盛顿和利雅得开始从最初的路线后撤，萨利赫的阵地遭到了削弱。而美国对萨利赫的支持最后并没有解释为，是因为他与美国合作打击"基地"组织在也门的分支机构、抑制伊朗在本国什叶派民众中扩大影响的缘故。但是，萨利赫已经回天乏术，无法将局面向有利于自己的方向扭转。于是导致了抵抗活动的扩大，实际已经到了内战边缘。也门局势明显恶化起来：部族与部族之间发生内讧，南方分裂主义情绪日益加剧，"基地"组织重新活跃起来。根据《纽约时报》报道，美国人与萨利赫举行了秘密谈判，为的是让他放弃政权。并非在最后时刻美国才担心不稳定的也门局势会影响到邻国沙特阿拉伯。

《纽约时报》驻开罗记者站站长詹姆斯·柯克帕特里克揭示了被他归入"部落标志"范畴的那些阿拉伯国家目前所发生事件的内幕。他到利比亚后这样写道："能够认为该国发生的冲突是残酷专政与主张民主的反对派之间的冲突吗？或者说，主要是一场部族之间的国内战争……革命一旦蔓延到部族制社会，就很难分辨出，推动民主的号召将会在哪里终结，'我的部族要拥有那些属于别的部族的东西'这种渴望又会在哪里开始。"① 反对利比亚领导人卡扎菲上校的运动于 2011 年 1 月在利比亚东部地区爆发。当时没有波及到首都的黎波里，更没有覆盖利比亚全境。这并非可以解释为具有偶然性。在反对卡扎菲的起义者上空飘扬着 1969 年被推翻的伊德里斯国王的旗帜。尽管伊德里斯国王在执政时期曾经把国家团结在一起，但并没有像卡扎菲这样被公认为是居住在盛产石油的昔兰尼加的各部落的

---

① 《纽约时报》，2011 年 3 月 21 日。

敌人。此外，塞努西教团①的头目后来成为了利比亚国王，该教团部落就曾以昔兰尼加为基地，而推翻了伊德里斯国王的卡扎菲则依靠的是自己的部落和的黎波里塔尼亚的其他部落。

简而言之，卡扎菲确实是个复杂的政治人物。在统治利比亚42年期间，他以自己颇具挑衅性和不可预测性的行为，以及善于笼络人心的政治手腕激起了西方和许多阿拉伯国家领导人，特别是那些保留君主制度的阿拉伯国家领导人反对自己。然而，美国、意大利和法国的公司却与利比亚领导层签署了成百上千万美元的合同。2004年以后国际社会取消了对利比亚的制裁措施，因为利比亚对"洛克比空难"认了错（美国一架波音747客机在苏格兰边境小镇洛克比上空爆炸，飞机上所有乘客全部遇难）。但是，在民众起义反对卡扎菲之时，也可能在此之前，造反者就得到了法国、英国、美国和其他国家无条件的支持。

在几个星期之内，利比亚事件就成为了全世界电视节目的主要内容。给电视节目定调子的是美国有线新闻电视网和卡塔尔的"半岛电视台"。这些电视报道的重点是强调卡扎菲屠杀平民。这种结论通过视频广泛传播开来，但同时并未同步得到确认。电视上播出的只是手持各种武器朝天射击的人群，以此来表达自己战胜卡扎菲的心情。与此同时，当忠于卡扎菲的政府军开始向起义者聚集的中

---

① 19世纪中叶在利比亚产生的政治性教团。——译者注

心——班加西发起进攻时，美国和北约其他国家的军事干预就显得十分必要了。这不仅是为了班加西保卫战的胜利，也是为了保存反对派的实力。这一次军事干预的发起人是法国总统萨科奇。法国战机第一个向利比亚领土上倾泻了炸弹和导弹。

该军事行动已经超出了联合国安理会决议的授权范围。安理会决议甚至得到了大多数阿拉伯国家的支持，为的是避免卡扎菲使用空军轰炸起义者。但是，即没有人授权给国际联盟去轰炸利比亚的防空阵地，更没有人授权它去攻击卡扎菲的士兵、打击他的军队、"轰倒"卡扎菲政权并清除其首脑。这是直接干涉他国内战的行为，其结果必然会造成大量平民伤亡。然而，保护这些平民的生命曾被国际联盟宣布为是采取军事行动的目的。这些军事行动究竟会导致何种后果，目前尚不得而知。美国不太积极参加这次军事行动，而是把领导权移交给了北约，这不是没有原因的。轰炸利比亚不可能没完没了，而地面军事行动又被联合国安理会决议所直接禁止，尽管该决议并非是理想的决议。

需要指出一点，授予国际联盟在利比亚行动权的联合国决议，恰好是在卡扎菲军队直逼利比亚东部城市班加西的时候通过的。正因为如此，联合国安理会才急于通过该决议。不过，依我看，决议本身还可以再完善一下，内容还应该再修改一下。

显然，不管利比亚情况如何发展，卡扎菲都不会继续执政了。但是，不论是美国，还是它的盟国，或其他什么人都不会关心利比亚是否会陷入像伊拉克那样的混乱。消除这种混乱可能要经过多年努力才能实现。

至于起义者，他们未必能够控制整个国家。承认他们为全利比亚的合法政府，正如法国、卡塔尔等一些国家已经做出的那样，目前还为时尚早……

现在给中东和北非局势的发展作出结论还不成熟，然而，对已经发生的事件进行分析则需要今天来做。不管该地区的局势发生怎样根本性变化，世界都会与下面的事实发生冲突：为支持一个国家内部冲突中的某一方而采取外部武装干涉的行为已成为规则。况且，这种武装干涉还可以被联合国安理会模棱两可的决议给神圣化……

代后记

　　本书书名为《思想之声》。在此我确实倾吐了自己对一系列非同寻常问题的看法。不过，我决不排除这种可能：并非所有人都赞同我所表达的观点。只有当我们国家的历史是索然无味、平淡无奇的编年史时，或者只有当我们的读者志趣千篇一律时，大家才会都赞同我的观点。然而，既不会出现前面的情况，也不会出现后面的情况。因此，对所有人来说幸福就在于此。

译后记

　　叶·马克·普里马科夫先生是我最敬仰的俄罗斯学者和政治家之一。我有幸与他成为忘年交。我仰慕他的品德：坦诚、厚道、责任心强；我赞赏他的才华：睿智、博学、远见卓识；我钦佩他的风格：求真、务实、孜孜不倦。

　　2011年7月，在出访俄罗斯期间，我偶然得知叶·马克·普里马科夫先生刚刚出版了一本新书《思想之声》，于是马上通过朋友买来一本。旅途中，我快速浏览了全书后，顿时感到眼前一亮，这是一本多么有价值的书啊！于是，决定在第一时间把它译成中文推介给中国读者。没有任何耽搁，我即刻与叶·马克·普里马科夫先生取得了联系，并提出把该书翻译成中文并推介给中国读者的建议。很快叶·马克·普里马科夫先生就做出决定，由我负责翻译并联系该书在中国的出版事宜，并亲笔签发了授权我翻译并联系中文版出书事宜委托书。回国后我便着手落实叶·马克·普里马科夫先生的委托。经过对国内几家重要出版社的比较，以及与作者多次沟通协商，最后我们选择了中央编译出版社作为该书中文版的出版单位。很快，作者就与该社签署了《思想之声》中文版版权合同，同时我也与该社签署了翻译出版合同。这样，叶·马克·普里马科夫先生的新作《思想之声》中文版出版倒计时便开始了。

我之所以如此看重叶·马克·普里马科夫先生的这部新作，是因为该书在他近年出版的 7 本书中分量最重。从书名《思想之声》就可见一斑。在这本书里，他对半个世纪以来自己活跃在国内和国际政治舞台上所获得的宝贵经验进行了浓缩、提炼，作为俄罗斯科学院院士他又从一位学者的角度对国际和国内若干重大问题进行了深度思考，并将这些经验和思考升华到思想，把它们和盘托出，向世人坦诚倾吐。作者在前言中写道："我的生活已经进入到这样一个阶段，就是越来越强烈地感到有一种紧迫感，一种需要就我们国家在二十世纪经历过的一些重要事件和在二十一世纪能够和谐融入世界现实生活的重要问题谈出自己看法的紧迫感。"我深深理解作者"紧迫感"的含义，叶·马克·普里马科夫先生毕竟是 83 岁的老人了。本该颐养天年的他，不顾年事已高，仍勤于思考，伏案疾书，在近十几年间竟然以平均每两年出版一本书的速度为世人贡献着精神食粮。真可谓是"春蚕到死丝方尽"的楷模。此前他出版的 6 本书大多是以回忆和论述亲身经历的国内外事件为主，而本书则不同，论述的完全是自己对当今世界一些重大理论和实践问题的深度思考和独到见解，是自己独到的思想。我相信，叶·马克·普里马科夫先生的这部

《思想之声》，不仅对俄罗斯会产生影响，而且对中国以及世界都会产生影响。这是一本发人深省、启迪智慧的佳作。

经过半年努力，我终于把叶·马克·普里马科夫先生的《思想之声》一书翻译成中文。本人秉承翻译的基本原则"信、达、雅"，以满腔热忱和科学态度对待该书的翻译工作，力求把叶·马克·普里马科夫先生的思想和风格准确地表达出来。为此我认真阅读了叶·马克·普里马科夫先生的其他几本书的中文版，其中有：《大政治年代》（1999 年）、《临危受命》（2001 年）、《9·11 和入侵伊拉克后的世界》（2003 年）和《走过政治雷区》（2007 年）。此外，还有选择地阅读了《思想之声》一书涉及到的相关历史、人物及其著作，如《马克思恩格斯全集》和《列宁全集》的相关文章、约·维·斯大林和尼·伊·布哈林的相关讲话、十月革命史，以及现代国际关系与俄罗斯问题资料。

在此谨向叶·马克·普里马科夫先生的代表安东·萨夫琴科（Антон Савченко）为该书出版所做的努力表示衷心感谢！

尽管在翻译过程中本人投入较大精力，但由于水平所限，加之时间仓促，译文中错误和疏漏在所难免，敬请广大读者、同仁教正。

译者

2012 年 4 月 16 日

图书在版编目(CIP)数据

思想之声/(俄罗斯)普里马科夫著;李成滋译.
—北京:中央编译出版社,2012.10
ISBN 978 - 7 -5117 -1410 -7

Ⅰ.①思…

Ⅱ.①普…　②李…

Ⅲ.①政治 - 研究 - 俄罗斯

Ⅳ.①D751.2

中国版本图书馆 CIP 数据核字(2012)第 123765 号

思想之声

出 版 人	刘明清	
出版统筹	邢艳琦	
责任编辑	霍星辰	
责任印制	尹　珺	
出版发行	中央编译出版社	
地　　址	北京西城区车公庄大街乙 5 号鸿儒大厦 B 座(100044)	
电　　话	(010)52612345(总编室)　(010)52612333(编辑室)	
	(010)66161011(团购部)　(010)52612332(网络销售)	
	(010)66130345(发行部)　(010)66509618(读者服务部)	
网　　址	www. cctphome. com	
经　　销	全国新华书店	
印　　刷	北京中印联印务有限公司	
开　　本	880 毫米 ×1230 毫米　1/32	
字　　数	120 千字	
印　　张	6.375	
版　　次	2012 年 10 月第 1 版第 1 次印刷	
定　　价	29.00 元	

本社常年法律顾问:北京市吴栾赵阎律师事务所律师　闫军　梁勤

凡有印装质量问题,本社负责调换,电话:(010)66509618